Reconsidering Marxist Theory on Revolution

マルクス派の革命論・再読

大藪龍介
Ohyabu Ryusuke

社会評論社

マルクス派の革命論・再読＊目次

まえがき――5

I マルクス、エンゲルスの革命論再考

第1章 一八四八年革命期の永続革命論――11
一 永続革命論の構造 11
二 永続革命論の諸特徴 16
三 永続革命論の諸欠陥 18
四 永続革命論から社会革命論、陣地戦論へ 23

第2章 後期マルクスの社会革命路線の追求――31
一 一八五〇年代の転換 31
二 社会革命の基本路線 35
三 政治革命の展望 39
四 パリ・コミューンと革命論上の到達 42
五 老マルクスの展望 49

第3章 晩年のエンゲルスの陣地戦革命戦略の探索――57
一 恐慌、戦争と革命 57
二 陣地戦―包囲戦―突撃戦の革命路線の設定 61

三　陣地戦戦略の矛盾　67
四　陣地戦戦略の骨子――〝政治的遺書〟における革命路線――　71
五　社会革命路線のゆらぎ　78

Ⅱ　トロツキーの革命論と問題構制

第4章　トロツキーの永続革命論の再検討――94
一　永続革命論の特色　95
二　プロレタリアート独裁への依存　101
三　国家主導主義的過渡期建設　111
四　農民革命との衝突　116
五　西欧革命との離間　127
六　「複合的発展の法則」と永続革命　133

第5章　トロツキーのソ連論の意義と限界――151
――『裏切られた革命』を中心に――
一　「ソ連とは何か」　152
二　「ソヴェト・テルミドール」　163
三　「第二の、補足的な革命」　171
四　「裏切られた革命」と「全体主義体制」　181

エピローグ　二〇世紀社会主義の挑戦と破綻

一　二〇世紀社会主義の歴史的規定　200
二　ロシア革命の再審　207
三　一九三〇年代ソ連は何であったか　218
四　破綻の諸要因について　228

まえがき

いま、わが国のマルクス主義理論研究は、大転換の途上にある。一九九一年のソ連の体制倒壊とともに、マルクス主義理論は決定的に地に堕ち、マルクス主義理論からの離反は圧倒的時流となった。戦後日本資本主義のめざましい躍進とは対照的に、スターリン主義やレーニン主義にとらわれ続けてきた歴史的経緯を顧みるならば、マルクス主義理論は凋落すべくして凋落した。ただ、その反面、原点に立ち返りマルクス理論を再読解する多様な研究の交叉のなかから、新たなる理論的動向も、なお微弱であれ、興起してきているように思われる。

折しも、新世紀である。批判的で創造的な思考とたゆみない研鑽に基づいて、わが国への移入以来四分の三世紀余りの歴史的伝統を一新し、マルクス主義理論研究の新世紀を拓いてゆくことが求められる。

本書は、この一〇年ほどマルクス主義理論研究のパラダイム転換を志向して自分なりに取り組んできた研究の、『国家と民主主義』、『マルクス社会主義像の転換』に続く第三作である。

ここに言うマルクス主義理論研究のパラダイム転換とは、これまで再三表明してきたように、三つの意味内容から成っている。まず第一に、わが国のマルクス主義理論研究にほぼ全一的な影響力を揮ってきた、レーニン主義をはじめとするソヴェト・マルクス主義の超克である。第二に、ソヴェト・マルクス主義を含めた二〇世紀マルクス主義の基調として伝承され通説とされてきた後期エンゲルス理論ののりこえである。そして第三には、マルクス理論自体の相対化である。マルクス理論にたいしても批判的パースペクティヴをもって接することにより、マルクスに内在しながらその理論的到達を突きとめ、成果、功績ともに欠陥、弱点をも究明すべきである。

右の第一に関しては、ソヴェト・マルクス主義と西欧マルクス主義との、それにまた社会民主主義との対質、第二に関しては、「マルクス、エンゲルス問題」の吟味、第三に関しては、マルクスと同時代のブルジョア経済学や政治理論の最高達成——例えばJ・S・ミルのそれ——や、社会主義、共産主義の諸派の業績との比較検討が、それぞれに欠かすことのできない要件であろう。

この書では、マルクス、エンゲルスそれにトロツキーの革命論を中心的主題として討究する。最近年、未来社会論について、マルクスの構想をアソシエーション論として再発見し開発する研究が進展し、新境地が開かれつつある。そのアソシエーション論と相即する革命論としての社会革命論の原型を掘りおこすことが、最たる課題である。

第一部では、マルクスとエンゲルスの革命論について再考察し、三つの章を通して、マルクス＝エンゲルス『共産主義派宣言』からレーニン『国家と革命』への発展を基本線として説いてきた従来のマルクス主義革命論に取って代えるべき新たな評価と解釈を提示する。一八四八年革命期の国家中心主義的政治革命論たる永続革命論について、マルクス、エンゲルスはその欠点の克服を進めることになるが、一八六〇―七〇年代のマルクスは、永続革命論からの脱却をはたして、新たに社会革命論を形成すること、一八九五年の〝政治的遺書〟へといたる晩年のエンゲルスの革命論の追求は、後期マルクスの社会革命論を継いでの、陣地戦の革命路線の開拓であること、これである。

第二部では、二〇世紀マルクス主義の栄光と悲惨をその劇的な生涯において体現したトロツキーについて、彼の理論の基柱をなす永続革命論とソ連論を歴史的に検証する。一九一七年のロシア革命のモデル化と結びついて高い評価を与えられてきた永続革命論についてこれまでに不問に付されてきた諸難点を折出し、また、スターリン主義のソ連体制についての官僚主義的に堕落した労働者国家という規定にひそむ諸錯誤を摘示して、ソヴェト・マルクス主義として免れなかった社会主義革命と建設の路線上の重大な歪みを明らかにする。

最後には、二〇世紀マルクス主義を主導したソヴェト・マルクス主義の革命と新体制建設への挑戦が有した歴史的な意味を問い、その実践運動が破綻に帰さざるをえなかった原因を省察する総括的な一章を加えている。

マルクス主義理論研究のパラダイム転換という巨大な課題に応えるには、今回の書もまた、あまりにも力量不足である。だが、新たなマルクスの、またエンゲルスの、同じようにソヴェト・マルクス主義の全体像を求めて、反省と再構築の真摯な考究が諸々の形で懸命に営まれ積み重ねられている。それらの鋭意専心の理論的追究がやがて大きなうねりとなることを期待するとともに、その一端に列して、新動向の発展に本書がいささかでも資するのを願うばかりである。

なお、今日の時代状況にあって、マルクスの社会革命論やアソシエーション論を生かして、どのような変革の理論を打ちだすべきかについては、甚だ不充分な論文であるが、別稿「過渡的時代とアソシエーション」（田畑稔・松田博・白川真澄との共編著『アソシエーション革命へ』、社会評論社、所収）を参看いただきたい。

商業ベースとはまったく無縁なマルクス主義理論研究の専門書の出版を、『国家と民主主義』に続いて心よく引き受けていただいた社会評論社松田健二さんに深謝し御礼を申しあげる。

二〇〇二年二月初旬　福岡にて

大藪龍介

I

マルクス、エンゲルスの革命論再考

マルクス、エンゲルスが築いた理論は、全般的特徴として、近代資本主義世界の現実を批判し覆さんとする実践的な変革のスタンスに貫かれており、その革命に関する論考は、『ドイツ・イデオロギー』の共産主義革命論から最晩年のエンゲルスの〝政治的遺書〟での革命戦略戦術論にいたるまで、彼らの理論体系の形成と展開のなかで欠かすことのできない機軸を構成している。

マルクス、エンゲルスの革命論上の事績として、一九世紀の中葉から末葉にかけてのヨーロッパで生起した革命的諸事件に関与して述定された、主要に三つの論題が知られている。第一に、一八四八年革命の時期のマルクスとエンゲルスのドイツ、フランスでの革命構想、第二に、一八七一年のパリ・コミューンを総括したマルクスによる革命論の発展的豊富化、そして第三に、一八九〇年代の、社会主義的労働者政党の躍進が続くドイツでの革命についてのエンゲルスの展望である。

それぞれの論題をめぐって、論争をまじえた多くの議論が重ねられてきたが、わが国では、レーニン『国家と革命』における評価と解釈にそった研究が、これまで支配的であった。本稿では、マルクス主義のパラダイム転換を志向した理論的研究の一環として、マルクス、エンゲルスの革命論について再考察し、レーニン主義的通説を批判的に克服した新たな研究の提示に努めたい。

第1章　一八四八年革命期の永続革命論

一　永続革命論の構造

一八四八年の諸革命が始まったのは、マルクス、エンゲルスが共産主義者同盟を結成し、『共産主義派宣言』を公表した直後であった。彼らは、革命の震源地フランスで民衆が主力になって普通選挙権と共和制をかちとった二月革命の進展に熱い関心を寄せるとともに、故国ドイツでの三月革命の戦闘に勇躍して加わり、ドイツが直面しているブルジョア革命の勝利を期して闘った。偉大な決戦が始まったのであり、変転にみちた、長期の激闘の過程を経て、この決戦が究極的にはプロレタリアートの勝利にいたるにちがいないと、彼らは確信していた。

この四八年革命期に、ドイツ、フランスを舞台にして彼らが唱えた革命論は、およそ三つの柱からなっており、永続革命論としてまとめることができる。

まず第一に、ドイツについてのブルジョア革命からプロレタリア革命への直接的で連続的な発展の展望である。後進的なドイツは、いま漸くブルジョア革命の前夜にある。ドイツのブルジョア革命は、しかし、一方でのブルジョア的に発達した西ヨーロッパの国際的環境、他方ではプロレタリア階級がすでに現存している国内的条件からして、それとして完結することなく、プロレタリア革命にまで連続的に発展転化するであろう。『共産主義派宣言』[1]の表現では、「ドイツのブルジョア革命はプロレタリア革命の直接の序幕となるほかはない」[2]。

一年程前に、エンゲルスは、ドイツの現状の惨めさを打開しうる階級をブルジョアジーに求め、ブルジョア階級指導のブルジョア革命を見込んでいた。「さしあたってドイツを支配することのできるただ一つの階級はブルジョアジーだ」[3]。この論説について、マルクスは「書き直す必要」[4]を認めた。彼の考えでは、労働者は「ブルジョア革命に、〔それを究極目的と見做すことなく〕労働者革命の一条件として参加することができるし、またしなければならない」[5]（強調は原文。以下同様）のであった。このマルクスの議論は、ドイツの後れた現状にあってラデイカルに人間の普遍的解放を立言した、若き日の政治哲学的考究の革命論的具体化であった。上述のブルジョア革命のプロレタリア革命への直接的転化の展望は、こうした経緯で打ちだされた。

三月革命の進行と闘争体験を踏まえて、一八五〇年三月、ドイツ革命への再決起を呼びかける、いわゆる三月回状において、マルクス、エンゲルスは、共産主義者同盟の独自の革命路線を永続革命として表明した。「労働者が最後の勝利を得るためには、……自分の階級利益を明らかに理解し、できるだけはやく独自的な党的立場を占め、一瞬間といえども民主主義的小ブルジョアの偽善的な空文句にまよわされずに、プロレタリアートの党の独立の組織化をすすめなければならない。彼らの戦いの鬨の声はこうでなければならない――永続革命、と」[6]。三月革命によって自由主義的ブルジョアに握られた国家権力がブルジョア民主党、更に小ブルジョア民主党へと順次左傾しながら移動し、最後には革命的労働者党の手中に帰すという、ブルジョア民主主義革命からプロレタリア革命への革命闘争の永続的発展の見通しであった。

第二に、ドイツと違いブルジョア革命をすでに成し遂げているフランスについては、階級闘争と党派闘争のダイナミックな推進を通じたプロレタリア革命の高揚と勝利を展望した。『共産主義派宣言』の準備的草稿である『共産主義の原理』のなかで、エンゲルスは、最先進国であり、国民の多数を占めているプロレタリアートが政治的支配を直接に打ちたてることが可能なイギリスと異なり、フランスでは、この点ではドイツと同じように、小農民、小ブルジョアが国民の大多数を占めているから、プロレタリアートは政治的支配を間接に打ちたてることになり、最後的な勝利にいたるには「第二の闘争が必要」[7]になると観測した。プロレタリア革命を達成するためには、特に一七八九年からのフランス大革命の歴史的経験が手本を示しているように、諸階級、諸党派の間での一連の闘争の連続的な展開過程を経由しなければならないのであった。

二月革命以来、六月事件に代表される、革命と反革命が激突する熾烈な階級闘争が進展し、マルクス、エンゲルスはプロレタリア革命の間近な勝利が確実に迫っていると見込んでいた。そして、正統王朝派とオルレアン派が連合した王党派たる秩序党に対抗して、ボナパルト派、ブルジョア共和派、小ブルジョア共和派、それに社会主義派と共産主義派が、それぞれに基盤とする階級に依拠して、三つ巴、四つ巴で民主共和制をめぐる攻防をめまぐるしく繰り広げるなかで、階級闘争と党派闘争の徹底的な展開によって革命を高揚させ、革命権力を穏健な党派からより急進的な党派へと連続的に移動させてゆき、革命的行動による強行突破を介して、革命を最後的に勝利させるという展望を描いた。

一八五〇年四月に共産主義者同盟は、ブランキ派、チャーティスト左派と提携して革命的共産主義者協会を結成したが、その規約第一条は、「共産主義が実現されるまで革命を永続的につづけながら、すべての特権階級を打倒し、これらの階級をプロレタリア独裁に従属させること(8)」を目的として掲げた。

第三の柱は、「万国のプロレタリア団結せよ！(9)」という国際主義に立つ世界革命の展望である。どの国のプロレタリアートも、まずもって自国のブルジョアジーを打倒しなければならない。しかし、来たらんとしている革命は、産業資本主義が十分に発達を遂げているイギリスとの世界市場的関連からして、フランスがイニシアテイブをとるが、世界市場に君臨するイギリス、この「ブルジョア的宇宙の造物主(10)」をも引き込み、「全ヨーロッパ的な革命戦争(11)」として、ヨーロッパ諸国での連続的なプロレタリア革命として繰り広げられるにいたるだろうと、マルクス、エンゲルスは観望した。先の三月回状は、「プロレタリアートが国家権力を掌握し、一国だけでなく全世界のすべての主要国のプロレタリアの結合が著しく進んで、その結果、これらの国々でプロレタリアどうしの競争がやみ、少なくとも決定的な生産力がプロレタリアの手に集中されるまで、革命を永続させること(12)」を訴えた。前述のドイツでのブルジョア革命のプロレタリア革命への発展転化も、この全ヨーロッパ的な革命のなかで、その一翼として想定されていた。

唯物史観と呼ばれる独自の世界観を築いた『ドイツ・イデオロギー』のなかで、マルクス、エンゲルスは、共産主義革命の世界革命としての本質的な存在構造を論示していた。共産主義革命は、客観的な条件として、「生産力の全般的な発達およびそれと結びついた世界交通(13)」、主体的な条件として、あらゆる国民のなかに出現してすでに国民性の解消を体現しているまったく無所有の大衆、すなわちプロレタリアートの現存という、「二つの実践的な前提(14)」のもとでのみ実現されうる。共産主義は、「〝世界史的な〟実存でしかそもそも現前しえない(15)」し、「経験的には主要な諸国民の営為として〝一挙的〟かつ同時的にのみ可能(16)」である。こうした共産主義革命の本質的な論理がストレートに持ち込まれて、全ヨーロッパでの各国革命の継起的展開として表明されていた。

以上の三つの柱のなかで、永続革命の固有の論理としてその中心的位置を占めるのは、最初のそれだと言えよう。

二　永続革命論の諸特徴

「プロレタリアートは、まずもって政治的支配を獲得し[18]」なければならないと、『共産主義派宣言』で表明しているように、この時期のマルクス、エンゲルスは、まず何よりも先に政治権力を奪取するという立場をとって、政治革命を主軸にした革命論を組み立てていた。永続革命論は、国家権力の掌握に的を絞った政治革命論として、階級闘争、党派闘争の政治力学的ダイナミズムによって国家権力の奪取を追求するものであった。

すぐれて政治革命である永続革命の主張は、地主や資本家の寡頭支配国家のもとで労働者大衆の闘いは暴力的に抑えこまれ、政治的な自由、民主主義も未だ承認されていない、当時の時代状況にあって、暴力革命の不可避性の強調と一体的であった。「共産主義者は、従来のすべての社会秩序を暴力的に転覆せずには彼らの目的を達成できないことを公然と言明する[19]」。それだけでなく革命を暴力的に過激化させるテロや報復も、積極的に容認していた。「民主主義者を強制して、彼らがいま口にしているテロリスト的な空文句を実行せざるをえないようにしなければならない。……ゆきすぎといわれるもの、つまり、民衆に憎まれている個人や、もっぱらいやな思い出がまつわりついているだけの官公署の建物にたいする人民の復讐の事例に、反対しないのはもちろん、こうした事例を大目に見るだけにとどまらないで、自分からその指導を引き受けなければならない」[20]、と。

また、プロレタリアート独裁の提唱とも不可分に結びついていた。フランス二月革命後、労働者階級が階級独自の要求を掲げて立ち上がった六月蜂起にたいする残虐な流血鎮圧を、マルクスは、「ブルジョア独裁」[21]と規定し、このブルジョア反革命独裁に対抗しそれを打ち破る「革命独裁」[22]として、プロレタリアート独裁を打ちだした。その提唱は、族生する社会主義、共産主義の諸派のなかにあって、改良主義、階級協調主義を峻拒して敵階級との徹底した闘争を革命の勝利まで永続させるという、ブランキ派と提携した革命的共産主義派としての独自な旗幟の表明であった。「プロレタリアートは、ますます革命的社会主義のまわりに、すなわちブルジョアジー自身がそれにたいしてブランキなる名称を考えだした共産主義の周囲に結集しつつある。この社会主義は、革命の永続宣言であり、階級差異一般の廃止に……到達するための必然的な経過点としてのプロレタリアートの階級的独裁である」[23]。先の革命的共産主義者協会の規約にも明らかなように、永続革命はプロレタリアート独裁に必然的に連動していた。

あわせて、中央集権国家化も、この革命の獲得目標であった。直接にはドイツに関し、「権力を国家権力の手中に最も徹底的に集中すること」[24]を目標として掲げている。この政治的中央集権化は、一面では、ドイツではブルジョア革命を達成し、中世の遺物を取り除き領邦的分立主義を克服しなければならないことによっていた。「一七九三年のフランスでそうであったように、今日のドイツでも、最も厳格な中央集権化を要求することが真の革命党の任務である」[25]。だが、他面では、『共産主義派宣言』第二章末尾の革命のプログラムに明示されているように、いっさいの生産手段の国家への集中など、プロレタリア革命後の集権的な過渡的国家を構想していることによっていた。「プロレタリアートは、その政治的支配を利用して、ブルジョアジーから次々にいっさいの資本を奪いとり、いっさいの生産用具を国家の手に……集中し、生産諸力の量をできるだけ急速に増大させるであろう」[26]。永続革命は、つまるところ国家的中央集権を成し遂げることに結節し、国家主導の過渡期建設に連接している。

叙上のような、永続革命によりまずもって政治権力を奪取する、プロレタリアート独裁の中央集権国家を打ちたてる、そしてあらゆる生産手段を国家の手に集中し、国家主導で新社会建設を推進するという、一八四八年革命の時期のマルクス、エンゲルスの革命路線の総体を、国家中心主義的政治革命論と規定することができる。

三　永続革命論の諸欠陥

周知のように、四八年革命時の革命構想をめぐり、後年のマルクス、エンゲルス自身による反省が存在する。マルクスは、一八五〇年秋にはプロレタリア革命切迫の幻想から醒めて、革命とそれを可能にする経済的基礎条件としての恐慌との連関についての洞察を獲得する。資本主義のもとで生産力が旺盛な発展をとげているかぎりは、本当の革命は問題にならない。そうした革命は、生産力が生産関係との矛盾に陥り、恐慌として爆発する時期にだけ可能になるというのであった。この点に関し、晩年のエンゲルスは、当時、プロレタリア革命間近しの主観主義的な願望にとらわれていたが、恐慌と革命の内的な因果関連の考察によって、革命論上の「一つの本質的な訂正」(27)を加えた旨を回顧する。

では、革命幻想を取り除き、恐慌という経済的、社会的破局を客観的条件として革命を展望する「恐慌―革命」の理論的枠組みを設定し、加えて後進国ないし中進国の革命論として位置づけ直せば、永続革命論に集約される一八四八年革命期の革命論は継承されてしかるべきであろうか。

否であろう。それ以外にもなお、根本的な諸欠陥が所在していたからである。

第一に、資本主義社会とブルジョア国家にたいする個々の改良（闘争）と革命（闘争）――別言すると革命の最小限綱領と最大限綱領、また戦術と戦略――とを区別せずに混同しており、後者に前者を解消していた。(28)「すべて社会改良というものは、プロレタリア革命と封建的反革命とが一つの世界戦争で武器をとって勝敗を決するまではユートピアにとどまる」(29)。これが、基本的立場なのであった。具体例としては、イギリスで労働者運動の主目標の一つとして取り組まれている一〇時間労働問題について、その解決を直接にプロレタリア革命に求めた。(30)また、フランスでは二月革命のなかで労働者協同組合が幾つも設立されたが、労働者協同組合運動についてその意義を否定していた。[31] 革命と改良を切り離して対置し、社会改良闘争をむしろ革命運動を阻害するものとして排撃したのである。

同様に、民主主義の歴史的発展動向の誤認に基づいて、政治的な改革を革命に帰していた。近代初期以来、民衆や労働者階級が掲げる民主主義は、ブルジョア階級の自由主義とその制度的形態である寡頭議会制国家に対抗し、それを変革せんとする志向性において、社会主義、共産主義と近接し交叉していた。マルクス、エンゲルスにとっても、青年時代から、民主主義は革命的変革の理念であった。[32] 彼らは、『共産主義派宣言』では、「労働者革命の第一歩は、プロレタリアートを支配階級の地位に高めること、民主主義をたたかいとること[33]」と言明し、プロレタリア革命の達成と民主主義の制度的実現を一体として展望した。しかし、そこに決定的に欠けていたのは、ブルジョア階級自身も民主主義を取り入れ、ブルジョア自由主義の民主主義的改革により自由民主主義＝ブルジョア民主主義へ、制度的形態としては寡頭議会制国家から議会制民主主義国家へと、段階的に漸進することの認識である。

イギリスでのチャーティスト運動の大々的な展開、続くフランス二月革命による（成年男子）普通選挙権の実施は、まさしく世界史が政治的に自由主義国家から自由民主主義国家への推転の時代にさしかかっていることを示していた。マルクス、エンゲルスは、このブルジョア民主主義的改革の歴史的動向を捉えそこなって、プロレタリア革命の時節到来と見誤り、革命の主張をもって改革への対応としたのであった。

第二に、国家中心主義的な政治革命の立論において、社会革命と政治革命の関連では、政治革命を可能にする基礎過程をなす経済的、社会的変革についての考察を抜け落として、政治革命を社会革命に先行させるとともに、政治革命に社会革命をも包摂させていた。

典型的な例を挙げよう。この時期のマルクス、エンゲルスは、革命的変革の根本課題として所有の問題を強調し、「共産主義者は、自己の理論を私的所有の廃止にまとめることができる」[34]と宣明する。ところが、「私的所有の廃止」という課題は、その道程として、革命国家の手にいっさいの生産手段を集中する、全面的な国家的所有化へと集約される。これは、いわば政治革命論としての所有変革論である。これにたいして、後年の円熟したマルクスは、私的所有から積極的要素を引きだして「個人的所有」[35]へと止揚するとともに、「個人的所有」と社会的所有の統一を可能にするものとして「協同組合的所有」[36]を位置づけるという、社会革命論としての所有変革論に到達するのである。

こうした国家中心主義的政治革命論は、大革命以来のフランスの歴史的経験の観察に基づきながら、少数精鋭部隊の武装急襲による国家権力の奪取、革命独裁、革命政府による経済の組織化などの基本線で、バブーフ、ブランキの伝統に主に影響されていて、一面では革命的国家主義、上からのプロレタリア革命構想という性格を免れなかった。

相関して、マルクスの著作、特に『フランスにおける階級闘争』第一―第三編には、唯物史観の階級闘争史観への偏向が見られる。端的に、「革命は歴史の機関車である」[37]と確言するのだが、経済的諸条件や社会諸関係による制約なしに、階級闘争を原動力にして疾駆する革命が思い描かれていた。

第三は、少数者革命の強行である。『共産主義派宣言』は、プロレタリア運動は大多数者の自主的な運動であること、また共産主義者は他の労働者諸党に対立する特別の党ではないことを明示していた。しかし、フランスでさえ、なお農業国であり、産業ブルジョアジーにたいする産業プロレタリアートの闘争は「局部的な事実」であって「革命の国民的内容となることはできなかった」[38]し、プロレタリアートは「まだ彼ら自身の革命を遂行する能力を欠いていた」[39]。この綱領と現実との乖離のなかで、プロレタリア革命の間近な勝利を見込んで、共産主義者同盟は、非妥協的な階級闘争の徹底による革命の永続的な推進とプロレタリアート独裁を共通の旗印にして、ブランキ派と共闘関係をとり結び、少数精鋭の革命家集団の決起による決戦を敢行する路線をとった。そして、民主主義を標榜する諸党派による革命の裏切りを断罪し、それらの諸党派と決裂する道を歩んだ。

但し、前記の三月回状を発した直後、マルクスは、ブランキ達の季節会などの、一八三〇年七月革命以来のフランスの革命運動にまとわりついてきた陰謀的性格を捉え返して、「革命的発展過程を先回りし、それを人為的に駆り立てて危機を醸成し、革命の条件も存在しないのに即座の革命をつくりだす……革命の錬金術師」[40]と批判するにいたっている。更に後年には、エンゲルスはブランキとブランキズムについて厳しい批判をおこなう。「ブランキがいっさいの革命をわずかな革命的少数者の急襲とみなしていることから、自ずと急襲が成功したのちには独裁が必要になってくる。この独裁たるや……プロレタリアートのなかの少数の者の独裁なのである」[41]。これらの批判は、かつての自分達の革命路線についての自己批判を幾分なりと含意しているはずである。

その他にも、第四として、当時のマルクス、エンゲルスの近代資本主義世界についての観察と研究は、依然として狭隘である。イギリスについて「ブルジョア的宇宙の造物主」と把握し、ヨーロッパ革命を唱えていながら、この最先進国イギリスでの革命の具体的な展望は視圏に入っていない。従ってまた、その国の近代的な発展の度合や歴史的事情によって様々に相違する革命のタイプについて、考えをめぐらせることもなかった。チャーティストの週刊誌、『ザ・レッド・リパブリカン』が、一八五〇年一一月、『共産主義派宣言』の最初の英語訳を掲載するにあたり、『ドイツ共産主義派宣言』と表題したのは、まさしく問題示唆的であった。

四　永続革命論から社会革命論、陣地戦論へ

マルクス、エンゲルスは、後期から晩年にかけて、一八四八年革命期の永続革命論を克服す

るにいたる。マルクスが、一八五〇年代以降、四八年革命期のそれを基本的な諸点で変更した新たな革命論を形成していく過程は次の章で追跡するので、ここでは、最晩年のエンゲルスの対応について触れておこう。

一八九四年、エンゲルスは、イタリアの労働者社会党指導者フィリッポ・トゥラーテイに宛てた手紙で、イタリアへの『共産主義派宣言』の応用をめぐり、永続革命論とは異なった路線を提案する。(42) イタリアのブルジョア階級は、リソルジメントと国家統一によって権力を手にしたものの、産業を興隆させ資本主義制度を発達させることができず、封建的遺物を取り除こうとしなかった。中小ブルジョアジーと農民の民主主義的、共和主義的な革命運動がそれに対抗していた。社会党は急進派や共和派と同盟し、彼らが権力を獲得するように積極的に協力しなければならない。革命運動が勝利してブルジョア民主共和制が実現すれば、普通選挙権や出版、集会、結社等の自由といった、非常に重要な新しい武器が与えられる。その有利な環境のもとで、新政府にたいする新しい反対派を形成して、獲得した陣地から先へと次の攻略地点に向かうようにすべきである。

およそこのように、後進的ないし中進的な国イタリアについて、ブルジョア民主主義革命からプロレタリア革命への連続的な発展転化ではなく、当面するブルジョア民主主義的変革の達成の段階を踏んだうえでプロレタリア革命へ向かって陣地戦を持続的に発展させるという長期的な戦略を説くのである。

近代的発展において同じような国オーストリアについても、エンゲルスは陣地戦の革命路線を示唆する。[43]

マルクス、エンゲルスが一八四八年革命の時期に打ち出した永続革命の展望は、産業革命により資本主義経済が飛躍的発展をとげつつも政治的にはなお民主主義化が達成されていない、一九世紀中葉の世界史的時代状況にあって、後進的なドイツではブルジョア革命、ブルジョア民主主義的変革、プロレタリア革命の三重の課題を、中進的なフランスではブルジョア民主主義的変革、プロレタリア革命の二重の課題を、一挙的に連続して実現せんとする、あるいはまた民主主義的変革と社会主義的変革とを直結せんとする、急進主義的な革命運動を表現する定式であった。経済的、政治的進歩も労働者階級の発達も、社会と国家の革命的改造を可能にするほどの水準には達していないなかで、政治力学的にプロレタリア革命の勝利を追求することから、ブランキズム的傾向に流れ、必然的に革命的国家主義をとりプロレタリアート独裁にうったえる特徴を備えた。現実には、永続革命として展望したプロレタリア革命は幻想に終ったが、民主主義的変革を下から推進する役割を担った。

一八七〇年代以降、「ブルジョア民主主義」[44]が制度化され議会制民主主義の定着化が進行する先進諸国では、グラムシが『獄中ノート』のなかで記しているように、永続革命論は効力を失う。「いわゆる『永続革命』の政治概念。これは、一七八九年からテルミドールまでのジャコバンの経験が科学的に錬磨された表現として、一八四八年以前に生まれた。この定式は、広大な大衆政党と大きな経済的労働組合がまだ存在していず、社会もまだ多くの局面でいわば流動的な状態であった一つの歴史的時代に特有のものである。……一八七〇年以後ヨーロッパによる植民地の拡大にともなって、これらすべての要素が変化し、国家の国内的・国際的な組織関係はさらに複雑で重大なものとなり、また『永続革命』の一八四八年定式は、政治学において、『市民的ヘゲモニー』の定式のなかで練りあげられ、乗り越えられた」[45]。この永続革命論についての指摘は、まったく適切であり、グラムシ政治理論の非凡さを示している。

それとともに、世界史的にブルジョア民主主義の時代に入ることから、後進国や中進国でも、永続革命の構想は民主主義的に転形されねばならなくなる。プロレタリア革命とその後の建設を成功的に遂行するには、できうるかぎりの民主主義的な過程を踏み民主主義的な手段をとることが必須的な要請となるからである。二〇世紀初葉の後進国ロシアでのトロツキーの永続革命論は、ロシア革命を先導する役割を果した独創的な業績であるが、その民主主義的再構成を欠いているという難点を有する。これについては、第4章「トロツキーの永続革命論の再検討」で明らかにする。

[註]

（1）この文書でマルクス、エンゲルスが言う die kommunisitische Partei は、後世のソ連共産党やそれをモデルにして結成された各国共産党とは、実像としても理念像としても大いに異なっていた。その歴史的存在性格の差異を表わすべく、前著『マルクス社会主義像の転換』（御茶の水書房、一九九六年）以来、共産党に代えて共産主義派の訳語をあてている。一八四八年当時存在した社会主義、共産主義を掲げる諸派のなかの一派の意である。『共産主義者宣言』と題する訳書（金塚貞文訳、太田出版、一九九三年）も、すでに公刊されている。他に、篠原敏昭・石塚正英編『共産党宣言―解釈の革新』（御茶の水書房、一九九八年）所収の石塚論文「共産党宣言は共産主義者宣言である」も参照のこと。

（2）マルクス＝エンゲルス『共産主義派宣言』、『マルクス＝エンゲルス全集』（大内兵衛・細川嘉六監訳、大月書店）、第四巻、五〇七頁。以下、この全集からの引用は、巻数と頁数のみを記す。但し、訳文は、一部変更。

（3）エンゲルス「ドイツの現状」、第四巻、四四頁。

（4）マルクスからエンゲルスへ、一八四七年五月一五日付けの手紙、第二七巻、七九頁。

（5）マルクス「道徳的批判と批判的道徳」、第四巻、三六九頁。

（6）マルクス＝エンゲルス「一八五〇年三月の中央委員会の同盟員への呼びかけ」、第四巻、二五九頁。

（7）エンゲルス『共産主義の原理』、第四巻、三九〇頁。

（8）「革命的共産主義者万国協会」、第七巻、五六二頁。

（9）『共産主義派宣言』、五〇八頁。

（10）マルクス＝エンゲルス「評論　一八五〇年五―一〇月」、第七巻、四五〇頁。

（11）マルクス『フランスにおける階級闘争』、第七巻、一七頁。

（12）「一八五〇年三月の中央委員会の同盟員への呼びかけ」、二五三頁。

（13）マルクス＝エンゲルス『ドイツ・イデオロギー』（廣松渉編訳、河出書房新社）、三九頁。

（14）同右、三七頁。

(15) 同右、三九頁。
(16) 同右。
(17) 一八四八年革命時の永続革命論に関する研究として、淡路憲治『西欧革命とマルクス』(未来社、一九八一年) 第一部「第一章『フランスにおける階級闘争』と永続革命」がある。
(18)『共産主義派宣言』、四九三頁。同様な立場は、すでに『ドイツ・イデオロギー』において、「まずは政治権力を奪取して」(三五頁) と表明されている。
(19) 同右、五〇八頁。
(20)「一八五〇年三月の中央委員会の同盟員への呼びかけ」、二五四頁。
(21)『フランスにおける階級闘争』、三一頁。
(22) 同右、五九頁。
(23) 同右、八六頁。
(24)「一八五〇年三月の中央委員会の同盟員への呼びかけ」、二五七頁。
(25) 同右。
(26)『共産主義派宣言』、四九五頁。
(27) エンゲルス「カール・マルクス『フランスにおける階級闘争』(一八九五年版) への序文」、第二二巻、五〇六頁。
(28) レーニンも、「マルクスとエンゲルスは、一八五〇年には、……資本主義は脆いものであり、社会主義が近いと思われたから……最小限綱領と最大限綱領とを区別していなかった」、「民主主義的獲得物を過小評価した」(「臨時革命政府について」、『レーニン全集』、マルクス＝レーニン主義研究所訳、大月書店、第八巻、四七二―四七三頁。以下、この全集からの引用も、巻数と頁数のみを記す) と、すでに明らかにしている。

(29) マルクス「賃労働と資本」、第六巻、三九三頁。

(30) 「一〇時間労働問題の唯一の解決は、資本と賃労働との対立にもとづくあらゆる問題のそれと同様に、プロレタリア革命にある」（エンゲルス「イギリスの一〇時間労働法」、第七巻、二四八頁）。

(31) 「プロレタリアートの一部は、交換銀行や労働者協同組合のような、空論的な実験に熱中する」（マルクス『ルイ・ボナパルトのブリュメール一八日』、第八巻、一一五頁）。

(32) 拙著『マルクス社会主義像の転換』の「後篇　マルクス、エンゲルスの民主主義論」の参照を願う。

(33) 『共産主義派宣言』、四九四頁。

(34) 同右、四八八頁。

(35) マルクス『資本論』、第二三巻、九九五頁。同『フランスにおける内乱』、第一七巻、三一九頁。

(36) マルクス『ゴータ綱領批判』、第一九巻、二二頁。

(37) 『フランスにおける階級闘争』、八二頁。

(38) 同右、一八頁。

(39) 同右、一七頁。

(40) マルクス＝エンゲルス「『新ライン新聞、政治経済評論』の書評」、第七巻、二八〇頁。

(41) エンゲルス『亡命者文献　二　ブランキ派コミューン亡命者の綱領』、第一八巻、五二三頁。

(42) エンゲルス「将来のイタリア革命と社会党」、第二二巻、四三五―四三八頁。

(43) エンゲルスからカール・カウツキーへ、一九九三年一一月三日付けの手紙、第三九巻、一四八頁。ヴィクトル・アードラーへ、一八九四年七月一七日付けの手紙、第三九巻、二四〇頁。

(44) マルクス『経済学批判要綱』、『マルクス　資本論草稿集』（資本論草稿集翻訳委員会訳、大月書店）、

①、二七五頁。
(45) グラムシ『獄中ノート』、フォーガチ編『グラムシ・リーダー』(東京グラムシ研究会監修訳、御茶の水書房、一九九五年)、二七九頁。

第2章　後期マルクスの社会革命路線の追求

一　一八五〇年代の転換

マルクスの思想的、理論的発展のうえで、一八五〇年代は、一大飛躍の年代であった。革命論においても、然りである。マルクスは、産業資本主義の興隆する資本主義世界の変動に留目しながら、一八四八年革命の時期の革命構想の反省を深めて、社会革命論の開発に努めた。

前章で触れたように、一八五〇年秋、マルクスは、自ら体験したプロレタリア革命運動の敗北の教訓として、経済的状態と政治的出来事、恐慌と革命の必然的な結びつきについての洞察を新たに獲得した。これ以降、「恐慌―革命」論の枠組みが定置される。

同時期に、基本的な発想の転換として、いま一つ、マルクスは、ブルジョア革命と対質したプロレタリア革命の特質を掴み取った。

「一九世紀の社会革命は、その詩を過去から汲み取ることはできず、未来から汲み取るほかはない。……一八世紀の諸革命のようなブルジョア革命は、成功から成功へとあわただしく突進し、……短命で、すぐに絶頂に達してしまう。……一九世紀の諸革命のようなプロレタリア革命は、たえず自分自身を批判し、進みながらもたえず立ちどまり、すでになしとげられたと思えたものに立ち戻っては、もう一度新しくやりなお〔す〕。……ついに、絶対に後戻りできない情勢がつくりだされ〔る〕」。[1] 一八四八年革命に際して抱いていたのは、フランス大革命にモデルをとり、「過去から汲み取」った、一直線で短期決戦の革命構想であったことの反省、それに代えて、未だ前例はないが、中断や後退を折り込み、絶えず自問し内省を重ね、自制もしながら、螺旋的発展として革命の諸条件を成熟させてゆく、新規の革命路線の開拓の意向が、ここには表明されている。新しい未来を創造するには、それに相応しい新たな革命路線を創出しなければならない。

マルクスにとり待望久しかった恐慌は、一八五七―五八年にやってきた。ところが、革命に類するような出来事は、どの国にも、何一つ起こらなかった。恐慌は、政治的爆発に連結することなく、全般的好況の局面に再転する。八年前にもまして深刻な挫折を味わったマルクスは、その理論的な反省的考察を盛り込み、自らが拠って立つ唯物史観を練り直し鍛えあげた。

『経済学批判』の「序言」でまとめられている唯物史観の公式の提題のなかで、二つの命題に注目すべきである。

まず、「社会の物質的生産諸力は、その発展のある段階で、……既存の生産諸関係と、あるいはそれの社会意識的表現 ein juristischer Ausdruck にすぎない所有諸関係と矛盾するようになる。これらの諸関係は、生産諸力の発展諸形態からその桎梏に一変する。そのときに社会革命の時期が始まる。経済的基礎の変化とともに、巨大な上部構造全体が、あるいは徐々に、あるいは急激にくつがえる」(3)。

この命題の前半部では、生産諸力と生産諸関係の矛盾を与件とし、社会革命が起きることが確認されている。ところで、生産諸力は客観的要素と主体的要素から成るが、「最大の生産力は、革命的階級そのものである」(4)。生産諸力と生産諸関係の対抗的矛盾において、革命的階級は旧い生産関係の破壊力となり、新しい生産関係の創造力となる。その意味では、生産諸力と生産諸関係の衝突は、単なる客体的過程ではなく、階級闘争を起因として有し、諸階級間の力関係の変動を内包している。命題の後半部では、政治権力の奪取を機に経済的、社会的変革が生じるのではなく、経済的構造変革につれて政治的、文化的変革が起きること、その革命的変革は、急激にだけでなく、徐々にも進行することが説かれている。

次に、「一つの社会構成は、それが生産諸力にとって十分の余地をもち、この生産諸力がすべて発展しきるまでは、決して没落するものではなく、新しい、更に高度の生産諸関係は、その物質的存在条件が古い社会の胎内で孵化されてしまうまでは、決して古いものにとって代わることはない」(5)。

この命題では、社会革命の基底をなす経済的基礎の変化に関して、一方で生産諸力がすべて発展しきり、他方では新しい、更に高度の生産諸関係が生まれるという、没落と生成との両面から、経済的社会構成の交替についての立ち入った考察が示されている。社会革命の基礎条件となる生産諸力と生産諸関係の衝突として発現する恐慌は、景気の循環過程における周期性のそれではなく、生産諸力の発展が極点に達した歴史的時点でのそれ、最終的恐慌にほかならない。それに加えて、社会革命のためには、旧来の社会の内部で、支配的な生産関係に従属して存立する新しい、高度の生産関係の生成がなければならない。この規定は、格別の止目に価する。

古い社会の内部に新しい社会の要素がすでに生まれている。その要素を見いだし発展させなければならない。この見地は、無論、かの『ドイツ・イデオロギー』の「共産主義というのは、……現在の状態を止揚する現実的な運動だ。この運動の諸条件は今日現存する前提から生ずる」[6]という根本視座に連なっている。この視座は、一八四八年革命の時期には、主観主義的で急進主義的な革命の志念のなかで端っこに追いやられていたのだが、ここにより具体化されて再定立される。同時期の『経済学批判要綱』では、言う。「もしわれわれが今日あるがままの社会のうちに、階級なき社会のための物質的な生産諸条件とそれに照応する交通諸関係とが隠されているのを見いださないならば、いっさいの爆破の試みはドン・キホーテ的愚行となるであろう」[7]。経済的社会構成の交替にあたって、旧い生産関係の没落が消極的要件であるのにたいし、新しい生産関係の生成は積極的要件だと言えよう。

ただ、生産諸力が発展するだけではなく、生産関係も弾力的に変動する。生産諸力と生産諸関係の矛盾が生じても、生産諸関係が生産諸力に適応して変化し、生産諸力の発達を受容して、矛盾を現実的に解決する。こうした事態に、マルクスは考察を及ぼしていない。

「序言」の唯物史観の公式は、二月革命、三月革命での貴重な経験の総括を含めて、一八四八―五八年の歴史の変転の省察を踏まえており、革命論では、政治主義的に偏向した革命論から社会革命論への視座転換を劃した。マルクス自らが「全然初めからやりなお……そうと決意」[(8)]したと記しているように、一八五〇年代に、マルクスの理論的研究は、経済学にとどまらず、革命論や国家論、未来社会論においても、大きな発展的転回をとげるのである。[(9)]

二　社会革命の基本路線

再出発したマルクスは、一八六〇年代から七〇年代にかけて、社会革命論の具体的な展開を進めた。社会革命の見地からすれば、国家権力を変革するだけでなく、社会諸関係の総体、そのあらゆる領域に張りめぐらされ構造化されている支配権力複合体を変革しなければならない。この革命路線の転換は革命後の過渡的社会・国家像の転換と相即的である。前著『マルクス社会主義像の転換』では、未来社会像、とりわけ共産主義社会（の第一段階）への過渡期社会・

国家像をめぐって、一八四八年革命期におけるあらゆる生産手段の国家的所有化、中央集権的な国家権力の全面的活用という国家集権的なそれから、一八七〇年代には協同組合的な生産と所有を主軸にする経済システムと地域分権的な自治体の連合するコミューン国家を接合するそれへと転換したことを明らかにした。この点を念頭におきながら、マルクスの革命論上の新たな地平を見てゆこう。

一八六〇年代は、〝飢餓の四〇年代〟とは一変して、イギリスに続いて、フランス、ドイツ、アメリカ合衆国などでも、産業資本主義経済が隆盛し、それとともにブルジョア国家の自由民主主義段階への漸次的な推転が始まる年代である。各国でそれぞれに、労働組合運動や協同組合運動、また民主主義運動など、労働者階級の大衆的な組織と運動の広がりと高まりがあった。一八六四年の国際労働者協会の創立は、それらの労働者運動の国際的な規模での発展の集成であった。国際労働者協会は、資本家、地主および彼らの階級権力として組織化された国家にたいして、各国の労働者が共同の闘争で団結した戦闘組織であり、労働者階級の運動が初期の狭い、秘密結社的な段階を脱けだし、はるかに広範で公然たる段階に達したことを示していた。その国際的な労働者運動への指導的関与は、マルクスが大衆運動と革命運動、改良と革命を統一的に連関づけ、革命への新たな展望を形成するのにこのうえなく貴重な経験であった。

「労働者階級の解放は、労働者階級自身の手で闘いとらなければならない」(10)。この大原則の(再)確認が示すように、マルクスは労働者階級の自発的運動に秘められている現実変革性を開発し発展させるという立場をとる。

その立場から特に重要視し関心を注いだのは、生産協同組合運動であった。一八四八年革命の時期における厳しい批判をすっかり改めて、マルクスは、労働者生産協同組合について、現行の資本主義社会での実際的な効用を認めるとともに、それにもまして、来たるべき社会の経済システムへと発展転化しうる可能性を高く評価するにいたった。彼は、資本主義的生産様式が移行する生産様式について、それを「協同的生産様式」(11)、「協同労働的生産様式」(12)と規定する。先の唯物史観の公式的命題で言う、旧来の資本主義的生産諸関係に取って代る「新しい、更に高度の生産諸関係」の具体的な存在形態を見いだしたわけである。労働者生産協同組合は、労働者達自身が経営を含めて生産を管理し、生産手段を共同所有し、協同労働に従事するといった点で、資本主義社会の内部から生まれでる、より高度な新社会の経済システムとしての意義を秘めている。こうして、労働者生産協同組合の建設という現在の改良運動は、同時に未来社会の基礎を創出する革命運動としての意味を担うことになる。

それとともに、マルクスは、経済的、社会的改良の独自で、積極的な意義を進んで承認した。永続革命を唱えた当時は、革命と改良、最大限綱領と最小限綱領の区別をなしえていなかったし、従ってまた改良（闘争）にたいして否定的であった。代表例として一〇時間労働問題にみられたように、労働時間の短縮さえプロレタリア革命に解決を求めていた。

しかし、いまや、労働日の制限を、「人間的教養のための、精神的発達のための、社会的諸機能の遂行のための、社交のための、肉体的および精神的生命力の自由な営みのための時間」[13]を確保する意味で、一層進んだ改善や解放を勝ち取るための先決条件として極めて重要視するようになっており、一〇時間労働法の獲得を労働者階級が闘いとった大きな勝利として評価する。そして、南北戦争後のアメリカ合衆国で繰り広げられている八時間労働日獲得闘争を受けて、八時間労働を全世界の労働者階級の当面する共通の要求とするように提案した。「立法によって労働日を制限することは、労働者階級を精神的および肉体的に向上させ、彼らの究極の解放を達成するための第一歩である」[14]。このように、個別的な改良を普遍的な解放の有機的な一環として位置づけるのである。[15]

他方、政治面では、イギリス、フランス、ドイツでほぼ時を同じくして、普通選挙権の導入と定着が進行してゆき、一八七〇年代には、ブルジョア国家の民主主義的改革、自由民主主義体制への移行の時代を迎える。一八世紀末からの民衆、労働者階級の最大の獲得目標であり、チャーティスト運動の挫折や二月革命の敗北の試練にさらされてきた（成年男子）普通選挙権は、産業資本主義の経済、社会の確立とブルジョア階級の支配力の強化にともない、支配階級の主導のもとで、議会制民主主義国家への移行というブルジョア的な政治的解放＝支配の高度化のなかに組み込まれる形で漸く実現する。この新たな時代における革命路線を明らかにすることが、マルクスにとっても緊要な課題になった。

労働者階級は当然、「あらゆる闘争の武器を握らなければならない」[16]し、政治的自由がなければ自らの解放を勝ち取ることはできない。「普通選挙権を含めて、プロレタリアートの自由になるようなあらゆる手段で努力しなければならないこと、このことによって、普通選挙権は、これまでのような欺瞞の用具ではなくなって解放の用具に転化する」(17)。フランス第二共和制でルイ・ボナパルトの大統領当選を生んだ農民大衆の選挙権行使や、ドイツでビスマルクが上からのブルジョア革命の一環としておこなった普通選挙権の採用などの歴史的現実を踏まえると、どのようにすれば普通選挙権を「解放の用具に転化」させることができるか、大変に難しい問題があった。だが、なにはともあれ、ブルジョア的な自由と民主主義を冷静にかつ断固として活用して、労働者階級は闘いを組織化し前進してゆくべきであった。

三　政治革命の展望

社会革命を達成するにはその重要不可欠な結節環として政治権力を獲得し行使しなければならない。そこで、「有産階級によってつくられたすべての旧来の党から区別され、それに対立する政党に自分自身を組織する」(18)ことが必要であった。マルクスは、「ドイツ、スイス、デンマーク、ポルトガル、イタリア、ベルギー、オランダ、そしてアメリカ合衆国に、多かれ少なかれ国民的な規模で組織されている諸々の社会民主主義的労働者党」(19)を国際労働者協会のグループとして記しているが、ほどなくイギリス、フランスでも社会主義的労働者党の誕生を迎える。

独立した労働者党の役割は、『共産主義派宣言』での言明と同じように、国内、国際双方の問題で、階級全体に資するとともに未来を見通して、理論的にも実践的にも大衆を先導することと、その意味でヘゲモニーを発揮することにある。マルクスの革命構想では、あくまでも労働者大衆の自主的な運動が主力であり、労働者党の役割は二〇世紀のロシア革命でのレーニンの前衛党論と対比すれば極めて慎ましやかであった。

それとともに、マルクスは、「労働者階級が社会的主動性を発揮する能力をもった唯一の階級である」[20]ことを再確認し、その労働者階級自らが革命の事業について理解し相互に団結して、国民の多数者を結集し国民的革命を遂行すべきことを説いた。「これらの国々の革命は多数者によっておこなわれるだろう。革命は一党一派によっておこなわれるものではなく、全国民によっておこなわれるものなのだ」[21]。一八四八年革命に際しての少数者革命路線から完全に訣別して、多数者革命路線を確定したのだった。

格段に豊富になった理論的認識と実践的経験に基づいて、マルクスは、その国の資本主義の発達の度合、市民的、政治的自由の存在態様、政治的な伝統や習慣、支配階級の性向や分別、労働者階級自身の発達の程度、等によってそれぞれに異なる、各国の革命の過程と方途の特徴について発言した。一八七一年には、イギリスでは「政治的な力を発揮する方法は労働者階級に開放されてい〔て、〕平和的な扇動のほが敏速かつ確実に仕事をなしとげうる〔し〕、蜂起は狂気の沙汰」であるが、フランスでは「多数の弾圧法規と諸階級の和解しえない敵対とが、社会的戦争の暴力的解決を必然化している」[22]と、見通しを述べた。

それぞれに特有な各国の革命的変革路線を、マルクスは大きく二通りに類別した。一方は、平和的な手段によって徐々に、他方は、暴力的で急激に、である。これは、先進国革命と中進国ないし後進国革命のタイプ的区分と言えよう。前者には、イギリス、それにアメリカ合衆国、オランダ，更には共和制が最終的に確立した一八七〇年代後半からのフランスが、後者には、パリ・コミューン直後までのフランス、ドイツ、オーストリア、イタリア、それにロシアなどが該当する[23]、と彼は見做した。とはいえ、イギリスにおいてさえも、収奪者が収奪されるという決定的問題に直面するや[24]、旧支配階級の暴力的反乱が生じ、革命が暴力的形態に転化する可能性があることの指摘も、決して忘れなかった。

労働者階級の態度としては、あらゆる闘争の手段を用いるが、「可能なところでは平和的な方法で、また、必要であれば武器をとって[25]」という対応が求められた。

資本主義の成立途上、原始的蓄積において国家権力の暴力的発動が歴史の「助産婦[26]」としての役割をはたしたし、ブルジョア革命は、イギリス、フランスでもドイツでも、内戦や内乱や対外戦争の大規模な暴力的争闘を通じて勝利への険しい道を駆け昇った。しかし、プロレタリア革命にあっては、自己解放を通しての人間の解放という目的にふさわしい手段の選択を要請される。「労働者と資本家のあいだの闘争は、かつてのイギリスとフランスでの封建領主と資本家のあいだの闘争ほど激烈でもなく、流血も少ないものになるかもしれない。われわれはそうなることを望む」(27)。革命がより血なまぐさい形で進むか、より人間的な形で進むかは、敵の出方しだいという面もあるが、最後的には革命の主体が貯えている力量いかんにかかっていた。

こうした政治革命の実現形態をめぐっても、マルクスは、政治革命を社会革命のなかに附置し、国民的な多数者革命に連関づけることにより、暴力革命の不可避性を一義的に強調した一八四八年革命期から大きく見解を変え、はるかに多様で柔軟な見地に達した。

四　パリ・コミューンと革命論上の到達

一九世紀後半の世界史的事件の一つ、一八七一年のパリ・コミューンの闘争は、マルクスの革命論や国家論に重要で顕著な影響を及ぼした。パリ・コミューンの民衆の決起に際会して、マルクスが国際労働者協会の宣言として著わした『フランスにおける内乱』に表明されている論点を取り出して、彼の革命論に関する一応の到達点を押さえよう。パリ・コミューンの闘いの現実は全体としていまなお旧来の革命の伝統を濃厚に留めていたが、そこに点在している未来の予兆を透察して、マルクスは、パリ・コミューンを社会革命を開始した意義をもつものとして理念的に規定した。

第一点は、「崩壊しつつある古いブルジョア社会そのものの胎内に孕まれている新しい社会の要素を解放する」[28]、とりわけ、資本主義社会の内部で芽生えている新しい、高度の生産システムである生産協同組合を軸にして社会的生産を組織しなおすという社会革命の基本路線の確認である。近年良く知られるようになった一文を引くと、「もし協同組合的生産が資本主義的制度に取って代るべきものとすれば、もし協同組合の連合体が共同の計画に基づいて全国の生産を調整し、こうしてそれを自分の統制のもとにおき、資本主義的生産の宿命である不断の無政府状態と周期的痙攣とを終わらせるべきものとすれば——諸君、それこそは共産主義、『可能な』共産主義でなくてなんであろうか！」[29]。一八七〇年九月に開催される予定であった国際労働者協会マインツ大会のために作成した議案の一項に、マルクスは「全国的な規模での協同組合的生産の諸条件」[30]を挙げていた。パリ・コミューンの実践に、労働者生産協同組合に着目して構想してきた社会革命路線の正当性の確証を、彼は見いだした。

第二点として、労働者階級のまわりに中間階級が結集する多数者革命としての国民的性格についても、同様であった。マルクスの分析によると、コミューンは、パリの小店主、手工業者、商人のあいだでの利害の対立抗争を適切に解決して、彼らから「公然と承認された最初の革命」[31]となった。また、「農民を血税から解放し、安あがりな政府を彼らにあたえ」[32]たり、分割地所有について農民の利益になるよう解決を図ったりして、農民を引き付けた。コミューンは、こうして、「フランス社会のすべての健全分子の真の代表者であり、したがって真に国民的な政府であった」[33]。

第三点として、マルクスは、ブルジョア国家に代えて新たにうちたてるべき国家はどのようなものであるかという、永年の懸案問題についての解答を獲得した。コミューン国家がそれである。コミューン国家は、コミューンが地域自治体を指すごとく、「地方自治体の自由」[34]に定礎され、地域自治体の全国的連合によってなる連邦制にして民主主義的共和制の国家である。更に、マルクスは、代表制 representative system に代わる派遣制 delegational system 、政府中心の権力分立制に代わる評議会中心の権力分立制、等を加えて、国家権力の社会、人民大衆による吸収の基本的方位をとり、国家そのものの消滅へ向かう過渡的な国家としてのコミューン国家の歴史上かつてない新しい性格と構造を描きだした[35]。

永続革命の課題の一つであった中央集権国家化との対比では、この期間第二帝政のもとで極度に進展した、社会の上に立つ強大な国家による官僚的、軍事的な中央集権（主義）的統一を、地域自治体の連合による下からの連邦制的統一へと改編する分権化こそが課題であった。ブルジョア階級が推し進める上からの民主主義をのりこえ、人民大衆が下からの、徹底した民主主義を創出するコミューン革命は、総じて分権革命であり、集権化から分権化への転換の歴史的画期をなすのである。

第四点として、プロレタリア革命の達成によって樹立されるべき過渡期国家像の形成に照応して、マルクスは、革命の過程と方途の各国ごとの形態的多様性にもかかわらず、どの国の革命にも共通する、ブルジョア国家にたいするプロレタリア革命の本質的原則を明確にした。「労働者階級は、できあいの国家機構をそのまま掌握して、自分自身の目的のために役立てることはできない」[36]。これは、パリ・コミューンの実践的経験から導き出した革命論上の最大の教訓と言える。常備軍、警察、官僚制、などの中央集権的な位階制に編成された諸機関の体系からなっていて、労働者階級の抑圧にあたってきた、できあいの国家機構が労働者階級の解放のための機構たりえないのは、明白であった。平和的であれ暴力的であれ、徐々にであれ急激にであれ、ブルジョア国家はそれとは原理的に異質で性格も構造もまったく異なる国家へと抜本的に変革されねばならない。

既存のブルジョア国家の新規のコミューン国家への革命的変革とは、常備軍、警察に代えて民兵　民警へ、官僚制から公僕制へ、代表議会制から派遣評議会制へ、中央集権制から地域分権制へ、政府中心型権力分立制から評議会中心型権力分立制へ、などのいずれも根本的で、それゆえに至難な改造を、主な内容にする。こうしたマルクスの指針は、ブルジョア国家が議会制民主主義国家として更に高度に発達し成熟をとげた現在の時代になっても、ラデイカルな変革構想としての魅力を失わない。

第五点は、革命闘争の手段的方法に関して、革命の目的に規定されて、「階級闘争が、その様々な局面を最も合理的な、人道的なしかたで経過することができるような合理的環境をつくりだす」[37]ことが求められる。かつての永続革命論当時にはテロルや人民の復讐を唱えたことからすると、二〇年後のマルクスがこの問題でもいかに隔たった地点に立つにいたっているかを確認できる。[38]

革命論のこの段階において、プロレタリアート独裁はどのように位置づけられるのか。エンゲルスが晩年にいたりプロレタリアート独裁の実例としてパリ・コミューンを挙げて以来の定説と異なって、マルクス自身は、『フランスにおける内乱』のなかで、その三つの草稿を含めて、プロレタリアート独裁の語を一度も使用しなかったし、パリ・コミューンをプロレタリアート独裁として論じなかった。「『内乱』第一草稿」で、革命の進展にたいして旧支配階級が恐らく惹き起こすであろう反革命的反乱を鎮定するには、プロレタリアート独裁が必要になるだろうと、その蓋然性を示唆するにとどまった。パリ・コミューン事件に際して、マルクスは、ブランキ的革命独裁やジャコバン独裁をいかに超克するかに心を砕いたし、彼が関心の焦点にしたのは、独裁ではなく、折しもブルジョア国家のもとで制度化されつつある民主主義を凌駕する、人民大衆の民主主義、コミューン国家において実現されるべき民主主義なのであった。[39]

パリ・コミューンの闘いについて、「過去を繰り返すべきではなく、未来を建設すべき」との基本的視角を、マルクスは表明した。この立場で歴史の推移を把握するならば、過去のブルジョア革命は、絶対主義国家の打倒とブルジョア国家の創設をめぐって、不可避的に反革命と革命独裁に彩られてきた。しかし、すでにブルジョア国家の民主主義的改革が進行する時代を迎えている。民主化は更に進展してゆき、未来のプロレタリア革命においては、反革命の独裁が生じる場合にはそれに対抗する革命独裁が必要になるとしても、独裁は必然ではなくなるだろう。独裁は、プロレタリア革命が欠くべからざる性格として備え持たなければならない一段と高度な民主主義革命の蓋然的な契機にとどまるだろう。こう考えると、プロレタリアート独裁へのマルクスの固執は、なお過去にとらわれて未来を創造することができなかった、彼の政治理論上の歴史的な限界として捉え返すべきであろう。(40)

後期マルクスの社会革命路線について、レーニンが『国家と革命』においてどのように受けとめたか、ここで関説しておきたい。この書の「第三章　国家と革命。一八七一年のパリ・コミューンの経験。マルクスの分析」で、レーニンは、マルクスの所論を解釈し敷衍する形で、革命論を構成している。ところが、そのマルクス理論の継受は、甚だしく偏曲している。

①　論軸をなしている社会革命について、完全に無視している。『フランスにおける内乱』でのキーワードである「協同組合的生産」、「自由な協同労働」、「個人的所有」のいずれについても、まったく考慮にいれていない。そして、徹頭徹尾、政治革命論として再構成している。

そのうえで、②　一八四八年革命期の『共産主義派宣言』の革命論の連続的な発展の延長線上で、パリ・コミューン時の『内乱』の革命論を捉えている。一八五〇年代からのマルクスの革命論上の転換を没却しているのである。『国家と革命』「第二章　国家と革命。一八四八―一八五一年の経験」で示されているように、レーニンが立脚しているのは、『共産主義派宣言』

段階の国家中心主義的政治革命論にほかならない。

更に、③　政治革命に関しては、「労働者階級は、できあいの国家機構をそのまま掌握して、自分自身の目的のために役立てることはできない」との原則を、「『できあいの国家機構』を粉砕し、打ち砕くべき」ことだと解説して、暴力革命の不可避性の主張の論拠にしている。しかし、上述したように、マルクスの命題は暴力的粉砕戦略を意味するのではない。[41]「できあいの国家機構」云々が意味するのは、前述のごとき内容でのブルジョア国家のコミューン国家への換骨奪胎的な全面的改造の不可欠性であって、その抜本的変革が、平和的に進行するのか、暴力的に進行するのかは、また別個の問題である。

④　ブルジョア国家のコミューン国家への置き換えを力説するのだが、その際、レーニンはコミューン型国家を代表制、中央集権制、執行と立法の権力統合制として描きだしており、マルクスの原型を公安委員会型国家に改編している。[42]

レーニン以降、二〇世紀のマルクス主義者のほとんどは、後期マルクスの社会革命論を見失って、一八四八―五〇年のマルクス、エンゲルスの国家中心主義的政治革命論に退転した。そして、『共産主義派宣言』以来、マルクス、エンゲルスの革命論の基本命題は、一八六〇―七〇年代においてもほとんど変更されず、パリ・コミューンの経験に基づき一層発展させられ、それが『国家と革命』において継承され、現代的に展開されたというのが、今日までの通説的見解とされてきたのである。

五　老マルクスの展望

後期マルクスは、『資本論』に集大成される研究業績を主軸にして理論的に円熟し、革命論においても確かな前進を果たした。だが、資本主義経済やブルジョア国家の歴史と構造に関する理論的考察を深め広げるとともに、革命の現実に具体的な見通しを、かえって――ある意味では当然にも――失うことになった。近代世界を革命的に変革しのりこえることが、従来想定してきたよりもはるかに、容易ならざる大事業であることが認知されてくるのである。

一八六〇年代までは、「恐らく見かけよりももっと切迫している革命」[43]について語ったりしたマルクスであったが、パリ・コミューンの敗北により、フランスとともに他の西ヨーロッパ諸国でも、革命の可能性は去ったと認識せざるをえなかった。時間がたってみると、パリ・コミューン自体、『フランスにおける内乱』では明日の時代の曙光としての意義をもつ諸事象を抽出して新社会・国家像を描いたのだが、現実の姿としては「例外的条件のもとでの一都市の反乱にすぎなかった」[44]のだった。それに、なによりも、一八四八年革命の敗退後とは異なって、一八七〇年代の西ヨーロッパでは、政治的にブルジョア国家の民主主義的進化が次第に有力な動向となってきていた。

他方、マルクスは、一八七三年からの「大不況」の進行に重大な関心を持って観察し、終局的爆発に期待を寄せたりしたが、周期の年数の短縮、アメリカ合衆国やドイツでのイギリスに先立っての発生、イギリスが経験した最大のもの、などの特徴に注目しつつ、結局は産業循環過程における周期性の恐慌として把握していった。革命は、アクチュアルな、差し迫った課題とはならなかった。

こうして、パリ・コミューン以降、老マルクスは、明確なヨーロッパ革命の展望を抱けないなかで、周辺部のアイルランドやロシアでの革命にヨーロッパ革命の発火点を求め、後進国での革命が先進国へ飛び火して、双方の革命が補いあって進展することに期待をかけた。

資本の首都にして世界市場の専制君主であるイギリスは、「さしあたり労働者革命にとって最も重要な国であり、しかもこの革命の物質的条件が成熟している唯一の国」(45)であった。この国では、しかし、保守党と自由党の二大ブルジョア政党のもとで議会制民主主義政治が制度的に定着するさなかにあり、労働者階級は独自の政党を有しないばかりか、いわゆるリブ＝ラブの同盟を形成していた。マルクスは、国際労働者協会の中心を担ったイギリスの労働運動の経験から多くを汲み取って社会革命路線を固めてきたのであったが、そのイギリスで、国内での革命の具体的な見通しを立てることができなかった。国際労働者協会でもアイルランド問題は重要な問題として扱われてきたし、イギリス資本主義の矛盾を集中的に体現しているアイルランドこそイギリスに大打撃を与えることができると捉えてきていたマルクスは、アイルランドの民族独立闘争にイギリス革命の手がかりを求めていった。「アイルランドの民族的解放が、

イングランド労働者階級にとって……彼ら自身の社会的解放の第一条件である」。(46)

『資本論』第一巻出版後、ロシアにおける資本主義発展の道の独自性の考察に取り組んできたマルクスは、一八七七年にロシアとトルコの戦争が始まると、全ヨーロッパにおける反動の砦であるロシアで敗戦にともなう革命が起こり、ヨーロッパの歴史の新しい転換点になるだろうと予想した。「今度の革命は、これまで無傷の防塞で反革命の予備軍だった東方に始まるのだ」。(47)

この予想ははずれたが、マルクスは、ロシアでの革命家集団の活動の活発化に触発されて、ますますこの国の前途についての関心と研究を深め、エンゲルスと同様に、西欧のプロレタリア革命への合図となり、かつまた西欧革命との結びつきによって補充されるロシアでの革命に希望を託すことになった。このマルクス、エンゲルスのロシア革命論については、第4章の四節のなかでその難点を指摘する。

後期のマルクスは、社会革命論の新規開発を追求した。そして、社会革命の基本的諸問題と枠組を確定し、社会革命の基本路線を描きだした。しかし、それは、精々、輪郭の素描であり、明確な、まとまりある革命論としてまとめあげるにいたらなかった。

断片性を免れないマルクスの諸論述から革命の過程をイメージするなら、ざっと次のようになるだろう。経済的、社会的、政治的改良を不断につみあげて、現存社会の内部にこれを革命的に変革する諸条件を可能なかぎり創出する。生産諸力が極限にまで発展しきった歴史的時点での最終的恐慌、それにともなう全般的破局を機に社会革命の局面を迎える。そのなかで、国民的多数派を形成して国家権力を掌握し、あらゆる方面にわたる革命的改造を加速的に推進する。換言すると、ドラマティックな大国事劇としての革命というより、徐々に進化する改革を集大成する全社会的な大改造としての革命である。

マルクスが構想した革命路線は、戦略戦術として練られ組み立てられて、ポジティヴな形で定形化されなかった。彼は、政治の認識にかかわる国家論について、その創造を課題としながら未達成に終ったが、政治の実践にかかわる革命論についても、追求の途上にとどまったのであった。

マルクスが設定した社会革命路線を承けて、エンゲルスがその戦略戦術論的な具体化を追求することになる。

[註]

(1) 『ルイ・ボナパルトのブリュメール一八日』、一一〇頁。

(2) マルクスの『経済学批判』「序言」での jurisutisch の語は、自然法学にちなんで使われており、『資本論』においては gesetzlich と峻別して用いられる rechtlich と同義であること、法律的、あるいは法的という通常おこなわれてきた訳は不適であって、(社会)意識的を意味することについて、拙著『現代の国家論』(世界書院、一八八九年)、一一八―一二〇頁を参照いただきたい。

(3) マルクス『経済学批判』、第一三巻、六―七頁。

(4) マルクス『哲学の貧困』、第四巻、一八九頁。

(5)『経済学批判』、七頁。
(6)『ドイツ・イデオロギー』、三七頁。
(7)『経済学批判要綱』、①、一四〇頁。
(8)『経済学批判』、八頁。
(9) 国家論の転回については、拙著『マルクス、エンゲルスの国家論』(現代思潮社、一九七八年)の「第五章　マルクスのフランス第二帝制・ボナパルティズム論」、未来社会論の転回については、同『マルクス社会主義像の転換』の「前篇　マルクスの過渡期社会像」で解明している。
(10) マルクス「国際労働者協会暫定規約」、第一六巻、一二頁。
(11)『資本論』、第二五巻、五六二頁。
(12) 同右、七八三頁。
(13) 同右、第二三巻、三四六頁。
(14)「労働時間の短縮についてのマルクスの演説の記録」、第一六巻、五五三頁。
(15) 国際労働者協会の時期を中心に、マルクスにおける革命と改良を主題的に扱った研究として、飯田鼎『マルクス主義における革命と改良』(御茶の水書房、一九六六年)を参照のこと。
(16) マルクス「政治問題への無関心」、第一八巻、二九七頁。
(17) マルクス「フランス労働党の綱領前文」、第一九巻、二三五頁。
(18) マルクス「ロンドンで開催された国際労働者協会派遣委員協議会の諸決議」、第一七巻、三九五頁。
(19) マルクス「ジョージ・ハウエル君の国際労働者協会の歴史」、第一九巻、一五〇頁。
(20)『フランスにおける内乱』、三二〇頁。
(21)『ザ・シカゴ・トリビューン』に掲載されたマルクスへのインタヴュー記事、第三四巻、四二六頁。

(22) マルクスの『ザ・ワールド』紙通信員とのインタヴューの記録、第一七巻、六一一頁。
(23) 『ザ・シカゴ・トリビューン』に掲載されたマルクスへのインタヴュー記事、四二六頁。
(24) 「イギリスの中間階級は、投票権の独占を享受していたかぎりは、いつでも多数派の判定を喜んで受けいれることを示してきました。しかし、……この階級は、それが決定的と考えていることで投票に破れるやいなや、ここでわれわれは新たな奴隷所有者の戦争を経験するでしょう」(マルクスの『ザ・ワールド』紙通信員とのインタヴューの記録、六一三頁)。「時の社会的権力者のがわからのいかなる暴力的妨害も立ちはだからないかぎりにおいて、ある歴史的発展は『平和的』でありつづけうる。たとえば、イギリスや合衆国において、労働者が国会ないし議会で多数を占めれば、彼等は合法的な道で、その発展の障害になっている法律や制度を排除できるかもしれまい。……それにしても、旧態に利害関係をもつ者たちの反抗があれば、『平和的な』運動は『暴力的な』ものに転換するかもしれない。その時は彼らは(アメリカの内乱やフランス革命のように)暴力によって打倒される、『合法的』暴力にたいする反逆として」(マルクス「社会主義者取締法にかんする帝国議会討論の概要」、第三四巻、四一二頁)。
(25) 労働者階級の政治活動についてのマルクスの演説の記録、第一七巻、六二二頁。
(26) 『資本論』、九八〇頁。
(27) マルクス「ロンドンにおけるポーランド集会での演説」、第一六巻、二〇三―二〇四頁。
(28) 『フランスにおける内乱』、三二〇頁。
(29) 同右、三一九―三二〇頁。
(30) マルクス「インターナショナルのマインツ大会の議案」、第一六巻、四二七頁。
(31) 『フランスにおける内乱』、三二〇頁。

(32)　同右、三三二頁。
(33)　同右、三二三頁。
(34)　同右、三一八頁。
(35)　拙著『国家と民主主義』（社会評論社、一九九二年）の「第一篇　パリ・コミューン型国家論をこえるために」の参看を願う。
(36)　『フランスにおける内乱』、三一二頁。
(37)　マルクス「『フランスにおける内乱』第一草稿」、第一七巻、五一七頁。
(38)　リヒトハイム『マルクス主義』（原著一九六一年、奥山良治・田村一郎・八木橋貢訳、みすず書房、一九七四年）は、一八七一年以後のマルクスの革命構想に関して、次のように述べている。「いまや、資本と労働とは、ある政治的な枠組……のなかで、互いに競合する者として対面する。民主主義的社会主義は、成熟と権力とに向ってゆっくりと昇ってゆく労働者の歩みの公けに認められた表現として、民主主義的自由主義と並んで座を占める。マルクスは、『〔共産主義派〕宣言』のうちにひそめられた「ジャコバン派」の手本を、はっきりと却けはしなかったけれども、実際上、かれは、それが妨げになれば否定した。第一インターナショナルの不確かな段階を導き、パリ・コンミューンの破局のあとその遺産を守ったこの現実的な理論家は、ついに、一八四八年のひとであることから脱却したのである」（一一三頁）。
(39)　『フランスにおける内乱』、二五九頁。
(40)　『フランスにおける内乱』から『ゴータ綱領批判』にかけてのマルクスのプロレタリアート独裁論の展開、その問題性については、拙著『マルクス社会主義像の転換』後篇、四の「プロレタリアート独裁をめぐって」で詳述しているので、参看いただきたい。

（41）他方、レーニンの暴力革命とソヴェト革命方式に異議を唱える社会民主主義者のなかでは、イギリスなどでの平和革命に関するマルクスらの見通しは、議会で多数を制するのに終始し、議会を含めたブルジョア国家の変革をないがしろにする議会主義的戦略として解釈されてきた。しかしながら、平和的移行の場合でも、代表議会制の派遣評議会制への換骨奪胎など、既成国家の抜本的変革を戦略的課題とするのであって、議会主義的戦略を意味しているのではない。レーニンと社会民主主義者の解釈はいずれも、マルクスの真意を捉えていない。マルクスが構想したのは、暴力的粉砕戦略でも議会主義的戦略でもない。

（42）『国家と民主主義』、三〇―三四頁、『マルクス社会主義像の転換』、七七頁、一三五―一三六頁を参看願う。

（43）マルクスからエンゲルスへ、一八六七年九月一一日付けの手紙、第三一巻、二八七頁。

（44）マルクスからニーウェンホイスへ、一八八一年二月二二日付けの手紙、第三五巻、一三一頁。

（45）マルクスからマイアーおよびフォークトへ、一八七〇年四月九日付けの手紙、第三二巻、五五一頁。

（46）同右。

（47）マルクスからゾルゲへ、一八七七年九月二七日付けの手紙、第三四巻、二三九頁。

第3章　晩年のエンゲルスの陣地戦革命戦略の探索

一　恐慌、戦争と革命

一八五〇年代初めの共産主義者同盟の分裂、崩壊後、エンゲルスは、革命運動から退き、マンチェスターでエンゲルス商会に勤務した。以来、およそ二〇年間にわたり、若干の理論的活動を担いながら、彼のいわゆる「犬の商売」に従事し、生活の困窮するマルクスとその家族への経済的援助をはたして、マルクスを支え続けた。彼は、一八七〇年にロンドンに移って戦線に復帰し、マルクスに協力して国際労働者協会やドイツの社会主義的労働者党でのマルクス派の影響力の拡大に努めた。更に一八八三年のマルクス死去後は、マルクス主義の理論的、実践的な普及と各国の社会主義運動の成長のために力を尽くし、いわゆる「将軍」として指導にあたった。

活動を再開したエンゲルスが革命論に関して追求したのは、マルクスが設定した社会革命の枠組と基本路線を継承しつつ、それを現実の諸条件のもとで具体化して展開することであった。その課題を、エンゲルスは、晩年から最晩年にかけて、いわゆる陣地戦の革命路線の開発として遂行することになる。マルクス、エンゲルスの革命論の到達地点と見做しうる陣地戦の革命路線の形成過程を辿るにあたり、恐慌と革命、それに戦争と革命に関するエンゲルスの議論を見ておこう。

「大不況」期をつうじて、世界市場においてイギリスの工業的独占が崩れ、ドイツ、アメリカ合衆国、フランスなどとのあいだの競争が熾烈化する一方、ドイツではカルテル、トラストが形成されて独占企業体が発生し、各国で株式会社が激増する等々、イギリスを「造物主」とした「ブルジョア的宇宙」の再編と変容が進行した。マルクスがプロレタリア革命の客観的可能条件と見做してきた恐慌の発現も、独特な形態をとる。「イギリスが世界市場で有力な競争相手をもつようになってからは、従来の意味での恐慌は終わった。恐慌が急性から慢性になり、しかもその強度を少しも失わない(1)」。

この慢性的不況は、労働者階級の社会主義運動の発展を引き起こさずにはおかないし、慢性的不況の持続は、前代未聞の激しさと広がりを持つ破局を準備している。資本主義は終末の時期を迎えているのだ。こう把握して、エンゲルスは、折々、「さしせまる産業恐慌のきざし(2)」に触れたり、「巨大恐慌が準備されている(3)」と発言したりした。「恐慌―革命」論の枠組を受け継ぎつつ、いまやドイツを筆頭に各国で社会主義的労働者党が組織されて発展しているなかで、ほどなく最終的恐慌が爆発して革命になるにちがいないと見込んだのである。

その革命は、フランスが合図を出すとしても、決戦は社会主義が最も奥深く大衆のあいだに浸透しているドイツにおいて闘いぬかれるだろう、とエンゲルスは展望した。それに加えて、言う、「それでも、イギリスがブルジョアジーの手に残されているかぎり、フランスもドイツも、終局的に勝利を確保したことにはならない」(4)。彼は、なによりもドイツでの革命路線の解明に力を注いだが、プロレタリア世界革命の根本原則を最後までつらぬき、ヨーロッパ的規模での革命をしっかりと念頭においていた。

エンゲルスは、恐慌に加えて、戦争についても、それがプロレタリア革命にもたらす影響を考察した。ヨーロッパの国際情勢としては、フランス＝プロイセン戦争終結後、相対的に平和な時期が続いているなかで、一八八〇年代半ばすぎからは、ツアーリズム・ロシア――マルクス、エンゲルスが以前からヨーロッパの反動の保塁と見立ててきた――とフランスとが手を結んで、ドイツと対立し、新たな戦争を思わせる緊迫した情況が醸成されてくる。戦争が起こるとすれば、その戦争は「これまで一度も夢想されなかったような広がりと激しさをもつ世界戦争」(5)になり、「これまでに見られぬ規模での大量殺戮、これまでに見られぬ程度の全ヨーロッパの衰退、最後には全体制の崩壊」(6)が必定である。このように、エンゲルスは、大局的に見て第一次大戦へとつながる歴史的動向を見通す卓見を示した。

彼の所見では、かかる大戦が勃発したら、社会主義運動は全ヨーロッパで後退し、多くの国々では完全に粉砕され、排外主義と民族主義が荒れ狂うだろうし、「ロシアとフランスの革命は遠のき、ドイツのわが党はその輝かしい発展を力ずくで抑えられるだろう」[7]。そのような危機的状況に陥れば、再び第一歩から始めなければならなくなるが、それでも二〇年ほど遅れて、はるかに有利な土壌のうえで、もっと徹底した形での革命にいたるのは確実である。

とはいえ、戦争の彼方に革命を展望するには、あまりにも多大な時間を要し、あまりにも多大な犠牲を払い、あまりにも多くの障害を克服しなければならない。現に社会主義的労働者党が目覚ましい躍進をとげて、革命の陣地を着々と築いてきているドイツではとりわけ、そうである。「平和は一〇年ほどでドイツ社会主義党の勝利を保証する。戦争は二、三年のうちにこの党に勝利をもたらすか、あるいは、少なくとも一五年から二〇年にわたる完全な破産をもたらすか、のどちらかである」[8]。戦争が社会主義の即時の勝利もたらす可能性もありうるが、そのケースは、まったくの賭けになる。そこで、事態が非常に有利に進行している現状を継続して、戦争を阻止し、平和な情勢下で革命の勝利を勝ち取ること、これこそが選ぶべき道である。ちなみに、一七八九年七月、パリで開催され、第二インターナショナルの創立大会となる国際社会主義労働者大会の宣言は、「平和は労働者の解放の第一の、不可欠の条件」[9]であることを謳う。

エンゲルスの以上のような議論のなかには、ロシアとドイツの戦争でツアーリズムが勝利することになれば、西ヨーロッパには自由ではなく隷属が、進歩ではなく野蛮がもたらされるし、世界最強の社会主義政党の破壊につながるのだから、ロシアのツアーリズムの勝利を阻止し、ドイツの社会主義党がかちえている地位を護りぬくためにロシアと戦うべきとする主張が混じっていた。[10]そこには、ドイツ帝国の侵略的性格にたいする批判を欠いて祖国防衛の戦争に協力することになりかねない傾向が垣間見られた。

それはともかく、エンゲルスは、マルクスと同様、恐慌をプロレタリア革命の欠くべからざる客観的要件として捉えて、その到来を待機した。だが、同じ社会的大破局をもたらすものであっても、ヨーロッパ戦争については、逆の位置づけをして、それに反対する立場をとった。

二　陣地戦―包囲戦―突撃戦の革命路線の設定

エンゲルスの『資本論』第一巻の書評のなかには、「今日の社会は経済的に見れば他の一層高度な社会形態を孕んでいる、ということを著者が説明しようとしているかぎりでは、彼はダーウインが自然史について証明したのと同じ漸次的変革過程を社会の領域で法則として立てようとしている」[11]という行がある。エンゲルスは、こうした形でマルクスの革命論上の転換を受けとめ、社会革命論を継承していった。

一八七〇年代半ばあたりから、経済的にも政治的にも顕著になる新しい歴史的環境のなかで、エンゲルスは、いまではヨーロッパ革命の最中心地と目しているドイツに主軸をおいて、マルクスが描いた社会革命の基本路線を踏まえた形で、具体的な革命路線の開発を進めた。その際、枢要な実践的契機をなすのは、言うまでもなくドイツにおける社会主義的労働者党の躍進であり、それに加え、一八七八年のフランスにおける階級闘争であった。

国際労働者協会が歴史的使命を果して解散した後、マルクス、エンゲルスが、プロレタリア革命運動の当面する第一の基本的な課題とするのは、労働者運動と社会主義との結合に基づく、ブルジョア政党に対立する、独立した労働者階級の政党の結成であった。ドイツでは、一八七五年に社会民主労働党、いわゆるアイゼナッハ派（マルクス派）と全ドイツ労働者協会、いわゆるラサール派が合同して、その事業が成功的に達成され、ドイツ社会主義労働者党が成立して急速に成長をとげていった。

一八七一年のドイツ帝国の建国は、一八四八年革命期のマルクス、エンゲルスの予測と期待に反する歴史の進展であったが、産業革命の達成による経済的飛躍に対応して変動する帝国の現状を、エンゲルスは、古い絶対君主制のボナパルティズムへの移行過程として把握した。産業上の大躍進にもかかわらず、なお絶対主義的要素の残存するドイツで、他の国々に先んじて社会主義党と労働運動が力強く前進する。そうしたドイツで採るべき方途に関して、エンゲルスは、「大切なことは、倦むことなく闘うこと、一つまた一つと都市や選挙区を敵から奪いとること」(12)と説いた。一八七七年に事例をとると、帝国議会選挙における労働者の候補者の六〇万をこえる票の獲得と一〇数人の当選、二つの邦議会と多くの市議会での労働者の選出、帝国のすべての大都市と工業中心地での労働運動の巨大な前進、労働組合組織の政治的組織と手を携えての活動、労働者のための定期刊行機関紙の増大、などの諸事実を、彼は成果として挙げている。こうして、陣地戦の革命路線がかたちづくられていくことになった。

一八七七年のフランスで生じた共和制をめぐっての階級闘争のこれまでにない様相での展開にも、エンゲルスは着目した。大革命以来の民衆蜂起の伝統を継いで、フランスの労働者は、一八四八年二月革命、一八五一年のナポレオンのクーデタ、一八七一年パリ・コミューンなど、フランスの歴史が大きな転機を迎えるたびに、街頭に出て、ありあわせの武器で武装し、バリケードを築いて、戦いを挑み、あるいは勝利しあるいは敗北してきた。また、国内の闘争で決定的な役割を演じるだけでなく、ヨーロッパ革命の前衛ともなってきた。ところが、一八七七年五月、下院で王党派と共和派が衝突し大統領マクマオンが反共和制クーデタを企てると、一〇月の下院選挙において共和派が圧倒的に勝利し、大統領の実力行使の威嚇を撃退して、王党派による共和制転覆の策謀を打ち破った。

エンゲルスは、共和派の勝利の重要な要因として、軍隊の内部での共和制受容の広まりと、政治的に反動的であった農民の大多数の共和制支持への移行——「農民の脱ボナパルティズム化と共和主義化」[13]——を指摘するとともに、共和派勝利の歴史的意義を掴みとった。まずは、「共和制が最終的に確立されたこと」[14]である。二月革命の最大の課題であった民主主義的共和制は、三〇年に及ぶ変転を経て、ここに定着するにいたる。加えて、「あそこ〔＝フランス〕で暴力的変革なしに何事か貫徹されたのは、これが最初」[15]であって、共和制の確保が市街戦ではなく議会選挙によってなされたことである。つまり、階級闘争の形態転換が明瞭になったのだった。

こうして、フランスでは、議会制民主主義が定着し、政権交替が議会選挙を介して平和的に実現されるし、労働者階級は市民的、政治的自由を駆使して闘争を推し進めるという、政治史上の新しい発展段階に移った。エンゲルスも、「フランスにおける規則的な平和的発展の進行」[16]としてこれを確認する。

晩年の著名な論述に示されるように、エンゲルスは、近代の政治についてはフランスを典型的な発展の国として位置づける。[17]そのフランスでの階級闘争と政治の構造的変化の認識は、それに対応する新規の革命路線の追求を促迫せずにおかない。ほぼ時を同じくして、マルクスによる各国革命のタイプ的区分でも、フランスは平和的手段で徐々にという先進国群に移されたと見做しうる。

さて、ドイツでは、一八七八年にビスマルクにより社会主義者取締法が制定され、活動を厳重に制限された社会主義労働者党は、直後には苦況に陥るが、強権的弾圧をうけて一八八〇年代にはいるとかえって急進化し、困難を克服しながら発展した。そして、一八八四年に帝国議会選挙で、再び躍進する。この時期における帝国議会選挙での社会主義労働者党の議席数、得

年	1877	1878	1881	1884	1887	1890	1893
議席数	12	9	12	24	11	35	44
得票数（単位 千）	493	437	312	550	763	1427	1787
得票率（%）	9.1	7.5	6.1	9.7	7.1	19.7	23.3

票数、得票率を、上に掲示しておこう。

「歴史上初めて、がっちりと結束した労働者党が、現実の政治勢力として立ちあらわれているのだ。このうえない苛酷な迫害のもとで発展し、成長をとげて、たえず次々と陣地を攻略しつつ[18]」（傍円は筆者。以下同様）。このヨーロッパで先頭に立つ労働者党の実践を踏まえながら、エンゲルスは、革命の路線を定めていった。

後年、エンゲルスは、オーストリアでの闘いに関し、日刊紙の発行を「敵と同等の武器で戦うことのできる最初の陣地」、「第二の陣地―選挙権、議会」[19]と規定するのだが、陣地戦とは、広く市民的、政治的権利を獲得し行使する階級的攻防をつうじて、革命の根拠地を築造することを指している。革命を目指して、諸々の陣地戦が持続的に展開されるのだ。革命を一晩で片づけられる問題だとする思いこみを、捨て去らねばならない。「革命は実際には、促進的な状況のもとで何年にもわたっておこなわれる大衆の発展過程[20]」なのであった。

その後も、社会主義労働者党が着実な歩みを続けるなか、エンゲルスは、「塹壕がたえず押し寄せ続けている」「包囲戦[21]」というように、その闘いを包囲戦にたとえて表現した。そして、包囲の戦闘を進捗させて「今ではもう第二平行壕の近くまで来て折り、そこまで行けば砲架からおろして砲列をしき、敵の大砲を沈黙させることができる」[22]と、戦況を判断し、「砲撃により突破口を開き突撃に移る」[23]という突撃戦を次の戦術目標として提起した。

こうしてエンゲルスは、陣地戦から包囲戦へ、そして突撃戦へ、という革命への道筋を描く。一八八〇年代前半までのエンゲルスには、かつての共産主義者同盟の一八五〇年三月回状について、「この呼びかけに書いてある多くのことは、いまでもあてはまる」[24]と振り返ったりするように、従前の永続革命論への拘泥も見られる。だが、一八八〇年代後半からははっきりと、新たな革命路線の形成に向かう。

陣地戦・包囲戦は、経済的、社会的、政治的などの諸々の改良闘争の積み上げ、ブルジョア支配体制への対抗運動、対抗組織の構築を意味する。突撃戦は、決戦段階であり、直接の革命闘争である。後期マルクスが輪郭を素描した革命路線を受けとめて積極的に定形化したものとして、長年軍事問題を専門の一つにしてきたエンゲルスらしく、軍事的戦闘に譬えて表現した、この革命の指針を陣地戦戦略と呼ぶことにしよう。

絶対主義的な要素を留め、民主主義的共和制の樹立にいたっていないドイツで陣地戦戦略を追求するのであれば、イギリス、フランスなど、政治的にも先進的でブルジョア的な自由、民主主義が発達している国々でも、それぞれに特質をもつ陣地戦戦略を採るべきことを意味する。先に第1章の四で明らかにしたように、晩年のエンゲルスは、イタリアについても陣地戦の革命路線を説いている。他方では、もしブランキ主義がなんらかの存在理由をもつとすれば、それはロシアにおいてであろうと言う。[25] まがりなりにも選挙・被選挙権をはじめとする市民的、政治的自由を行使できる国々では、陣地戦戦略に立って長期的にねばり強く、革命に向かって闘いを積み重ねるべきことになる。次節以降では、フランスやイギリスに関しては割愛し、エンゲルスが決戦場になると判断し考察の主力を注いでいるドイツにしぼって、その所説を検討する。

三　陣地戦戦略の矛盾

陣地戦、包囲戦の最も華々しい展開は、ドイツ社会主義労働者党（一八九〇年から社会民主党）の議会選挙闘争での躍進につぐ躍進であった。一八九〇年、社会主義者取締法が撤廃されビスマルクが失脚した。エンゲルスは、あらゆる手段を動員した強大なドイツ帝国にたいして、「一二年間の闘争の後、党は勝利した」[26]と、誇らかに陣地戦、包囲戦の成功を確認した。その翌年の帝国議会選挙で、党はまたも大躍進をとげた。

エンゲルスは、論文「ドイツにおける社会主義」（一八九一年一〇月）[27]に代表的なように、社会主義者取締法による厳しい弾圧の試練をくぐり抜けて「ドイツ最強の党」になっている社会民主党の飛躍的発展を称え、いまや急速度で革命に近づいていると予測した。「この党は今日では、ほとんど数学的な計算で、その権力達成の時期を定めうる地点に到達した」[28]。そして、社会民主党が世紀末には権力を掌握するのは疑いないと踏んだ。その一つの理由は、いずれのブルジョア政党をもしのぐ大量の得票が期待できることであった。だが、主要な理由として彼が挙げているのは、軍隊の兵士になる若い世代には社会民主党への加入者が数多くなっていて、「かつてはドイツのうちとりわけプロイセン的な要素であった軍隊は、その多数が社会主義的になるだろう」[29]との見込みであった。

かかる推測があまりにも楽観主義的であるのは、明らかであった。エンゲルスは、一般論としては「普通選挙権は労働者階級の成熟度の計測で……今日の国家では、それ以上のものにはなりえない」[30]との見地をとったが、ここでは、社会民主党の選挙での躍進に幻惑され、政府が絶対的に優越していて議会は無力であるドイツ国家の現実を無視して、議会主義的な発想に陥っていた。

軍隊が社会主義にかぶれるという予想について言えば、エンゲルスは、ドイツにおける革命の帰趨が最終的に軍隊の動向にかかると判断して、軍隊の掌握を革命の成否を左右する鍵と見ていた。そうしたリアルな現実認識を持ち、常備軍制度を国民総武装を基礎にした民兵制度へと、国際条約による服務期間の漸次的短縮を橋わたしにして移行するという、軍制の改編をも提唱していた。しかし、国際的にドイツをはじめとする諸強国が未曾有の掠奪戦に備えてかつてない軍備強化を図っている当代の歴史的趨勢や、国内では「国家内の国家」の地位を固めている軍部の動向を捉えきれずに、軍隊の社会主義化についてのまったく甘い、希望的観測に流れていた。

更に加えて、エンゲルスの社会理論の一特質をなす自然科学的な機械論的思考[31]によって、社会民主党の今後の躍進と最後的勝利を、「数学的に計算できるほど[32]」確実で、不可抗的な自然過程と見做していることも、この推測の大きな難点であった。いったいに社会過程にあっては、殊に政治過程では、諸々の要因の絡み合いによって、当初の目論みと行動の結果とが乖離するのが必定だからである。社会民主党のなかで社会主義への発展の自然必然性という観念、そして宿命論や待機主義が潮流として広まっていたが、エンゲルスの自然主義的思考がその有力な思想的源泉として影響を及ぼしたのは否定しがたい。

しかし、そうした反面、エンゲルスは、別論文「一八九一年の社会民主党綱領草案の批判」（一八九一年六月）では、対照的に、ドイツでは、平和的な移行の道は幻想にすぎないことを力説した。「半絶対主義的」なかせが存続しており、「政府がほとんど全能で、帝国議会や、その他すべての代議機関が実権をもたない[33]」ドイツで、当面の政治的目標である民主共和制を、いやそればかりか共産主義社会までも、「のどかな、平和的な道によって樹立できるかのように考える幻想が、どんなに途方もないものであるか[34]」。そうして、党の機関紙誌に現われてきている、ドイツ帝国の変化に対応して、その体制的制度のなかでの漸進的改良を獲得すべきとする主張にたいし批判の矛先をむけ、日和見主義として論難した。

エンゲルスのドイツ革命についての見通しは、社会民主党の帝国議会選挙闘争での相次ぐ躍進による革命の早期到来を確信する一方、平和的な革命の不可能を強調するという、相反的で、容易に解決できない矛盾を内包していた。その一方面に偏し固執して、議会主義的、改良主義的な道か、暴力主義的な道のいずれかに分裂したり、あるいは、双方のあいだで動揺し続けたりする危険にさらされていた。現実に、社会民主党では、指導権を掌握する急進派と、一方での極左グループ、他方での穏健派が革命の路線をめぐって対立し、改良主義的な穏健派が次第に勢力を強めていた。それとともに、エンゲルスは察知できなかったが、一八九一年の綱領、いわゆるエアフルト綱領を建前としながら実際の運動では改良活動に終始する、理論と実践の乖離が深く静かに進行していた。(35)

この革命路線の矛盾は、別の観点からすると、陣地戦戦略における陣地戦、包囲戦と突撃戦とのあいだに内包されている矛盾である。ドイツにおいても、陣地戦、包囲戦では、概ね平和的に、勝利への歩みを進めることができるにちがいない。しかし、いよいよ最後的な決戦の段階にはいる突撃戦では、どうか。ドイツでは平和的な移行は幻想だとされるのは、つまるところ、ここにおいてである。そうであれば、包囲戦までは平和的に、突撃戦にいたれば暴力的にということになるのだった。

エンゲルスは、「わが党と労働者階級とが支配権を握ることができるのは、民主的共和制のもとにおいてだけだ」(36)という見地をとっていたが、封建的な遺物があり、官僚的、軍事的機構に護られたドイツ帝国では、平和的に民主化を、更には社会主義化をなしとげる条件は与えられていなかった。陣地戦戦略に内包されている矛盾は、そうした現実を反映していた。

陣地戦戦略を構想するエンゲルスのドイツ革命に関する最晩年時の中心テーマは、陣地戦、包囲戦での議会選挙を中心にした闘争の勝利を突撃戦へといかに移動させるか、そして「最後的な勝利を確保する強襲」(37)、最後の決戦をどのように遂行すべきかの探索であった。「バリケードと市街戦の時代は永久に過ぎ去りました。もし軍隊が戦うならば、抵抗は狂気の沙汰になります。新しい革命の戦術を見いだす義務がある。僕はしばらくまえからこのことについて考えていますが、まだまとまっていません」(38)。このように、彼は真情を吐露している。

四　陣地戦戦略の骨子――〝政治的遺書〟における革命路線――

エンゲルスが死去する直前に執筆した「マルクス『フランスにおける階級闘争』への序文」は、公表にあたり、社会民主党指導部の要求に応じて、一定箇所が抹消され変更されたという、いわくつきの文書であり、後世のベルンシュタインが、またパルヴス、ローザ、カウツキー、レーニンなどが、自らが主張する革命路線を正当化する拠り所としてそれぞれに利用し、周知の大論争の対象となってきた。[39] 実に様々に解釈されてきた、この〃政治的遺書〃における革命論をどのように受けとめるべきだろうか。

「序文」に示されている革命論は、晩年のエンゲルスが追求してきた革命路線の到達点に位置した。「歴史はわれわれの当時の誤りを打ち破ったばかりでなく、プロレタリアートが闘争すべき条件を、すっかり変革してしまった。一八四八年の闘争方法は、今日では、どの面でも時代おくれとなっている」。[40] このように、一八四八年革命期の経験を率直に自己批判的に顧みつつ、目覚ましい発展的変化をとげた歴史的条件のもとでの新規の革命路線をめぐる、この一〇年来の追求を集成するとともに、「新しい革命の戦術を見いだす」という未決の問題についての一応の解答をも含める形で、陣地戦戦略の基本路線や闘争方法が、そこには提示されている。それらを摘記してゆこう。

革命の基本路線に関して、その第一は、多数者革命についての再定義である。エンゲルスによると、これまでのあらゆる革命の特徴は、共通する形式として、少数者革命であった。一八四八年の革命も、ブランキズムの横行が見られたように、少数者に指導された多数者のための革命であり、多数者革命の性格を備えていなかった。その後の歴史的諸条件の著しい変化により、「奇襲の時代、無自覚な大衆の先頭にたった自覚した少数者が遂行した革命の時代は過ぎ去った」。[41] 革命は、労働者階級の自己解放の事業である。まずもって、労働者大衆自身が、なにが問題になっているか、何のために闘うかを理解して、革命を担うのでなければ、資本主義から社会主義への体制変革の歴史的大事業を成就することはできない。

それに、国民的多数派を形成するためには、ドイツやフランスでは、農民層の獲得が不可欠の条件である。「社会主義者は、あらかじめ人民の大多数を、すなわちこの国では農民を、獲得しないかぎりは、永続的な勝利はありえない」[42]。その重要性に鑑みて、エンゲルスは、前年に農民問題に関する独立した論文を書き、なかでも鍵を握る小農の取り扱いについて、「力づくではなく、実例とそのための社会的援助の提供とによって、小農の私的経営と私的所有を協同組合的なものに移行させる」[43]という政策を明らかにしていた。こうした対策を講じることによって、「今世紀の終わりまでには、社会の中間層、小ブルジョアや小農民の大多数を獲得して、国内の決定的勢力に成長」[44]する見通しを、彼は立てていた。

第二は、陣地戦、包囲戦の確認である。革命は、一挙に勝利を収めることはできない。「きびしい、ねばり強い闘争によって一陣地より一陣地へと徐々に前進しなければならない」[45]。陣地戦、包囲戦は、議会選挙闘争など政治面は無論、経済面、社会面にもわたって、すべての戦線で展開されねばならない。「序文」を閉じる段で、エンゲルスは、一六〇〇年前のローマ帝国において、転覆党であるキリスト教徒が、数々の禁圧や大迫害に屈せずに闘い続けて、「宗教と国家のあらゆる土台を掘りくずし」、「軍隊のなかにも大勢の信者をもち」[46]、ついに皇帝をしてキリスト教を国教として承認させ、勝利をかちとった歴史的出来事に言及している。史上の大事件との類比によって、陣地戦戦略の適切さを説き明かし、ドイツ社会民主党の闘争の前途を予示せんとしているのである。

第三として、長い革命を加えよう。この点については、「長期の、変転に満ちた革命期」[47]、「かなり長期のすべての革命期」[48]の表現が見られるにすぎず、独立の概念として説かれているのではないが、第一、第二の論点と関連づけて捉えれば、その過程が長期に及ぶ革命として敷衍できるだろう[49]。

闘争方法に移って、第四には、普通選挙権の活用である。陣地戦、包囲戦の最も輝かしい成果は、議会選挙における社会民主党の大々的な伸長である。ドイツでは、ビスマルクによりボナパルティズム的策略として上から導入された（成年男子）普通（・不平等）選挙権を巧みに役立てて、労働者は階級としての自己形成を進め、社会民主党はブルジョア諸政党と対立する独自の労働者政党としての地位を高めてきた。フランス労働党綱領前文から借言すると、「これまでは欺瞞の手段であったものを、解放の道具に変えてしまった」[50]のであるが、今後も、「選挙権を利用してわれわれの手の届くあらゆる部署を獲得する」[51]べきであった。

第五は、ブルジョア国家機関の逆利用である。「ブルジョアジーの支配がそのなかに組織されているところの種々の国家機関は、労働者階級がそれを利用してこの国家機関そのものと闘うことのできる、更にもっと多くの手がかりを与えるものだ」[52]。国家機関だけではない。この文書では取り上げられていない、経済的、社会的諸組織についても、可能のところではどんな部署でも、ブルジョア階級の支配を掘りくずし、それに対抗する陣地を形成し塹壕を築いて、国家と社会の漸進的な民主化を進めてゆく。社会主義者取締法による迫害に合法的戦術をとって対抗しつつ発展をとげてきた社会民主党の立場を表わす、〃われわれの敵はわれわれの合法性によって破滅するであろう〃の決まり文句を追認しつつ、エンゲルスは、「『革命家』、『転覆者』は非合法手段や転覆によるよりも、むしろ合法的手段を用いるときに、はるかに威勢よく栄える」(53)という、歴史のイロニーを説いている。

およそ以上のように陣地戦戦略の構造を押さえたうえで、陣地戦戦略において最後的に勝利を確保する突撃戦術、その闘争形態をどのように定めるかという、未解決に持ち越されてきて、「序文」のメイン・テーマともなっている問題について検討しよう。

エンゲルスは、闘争の条件が根本的にかわってしまったから、「あの旧式な反乱、つまり一八四八年まではどこでも最後の勝敗を決めたバリケードによる市街戦は、はなはだしい時代おくれ」(54)だと認めた。かく認識しながらも、彼は問答する。「では、将来においては、市街戦はもうなんの役割も演じないというのか？　断じてそうではない」(55)、と。ちなみに、この引用文は、次の引用句とともに、発表に際して社会民主党首脳部の要求で抹消された因縁の箇所に属する。

そこで、「将来起こるかもしれない市街戦の成功の機会について研究する」(56)必要が生じる。軍隊と正面衝突して市街戦で勝利を得るのは、極めて稀なことであった。一八四八年革命以来このかた、諸々の武器の威力の強大化や市街区の改造によって、軍事全般が徹底的変革をとげた現在では、ますますもってそうなっている。軍隊との大規模な衝突を引き起こせば、ドイツの社会主義的戦闘力は抑えこまれ退却させられることになる。全国民的な革命の高揚のなかに軍隊をもまきこみ、革命の精神を波及させて、軍隊を弱体化させ、その指揮系統を麻痺させる――そうした場合にだけ、蜂起は勝利しうる。そのためには、しかし、前哨戦としての陣地戦、包囲戦を勝利的に遂行し、有利な大勢で決戦に臨むことができる状況がつくりだされていなければならない。

突撃戦を迎えるまでは、陣地戦、包囲戦の不断の発展強化により、国民的多数派と決定的な勢力の形成に励む。そして、「この日々増強する強力部隊を前哨戦で消耗させないで決戦の日まで無傷のまま保っておく」(57)。時期尚早の攻撃開始や、一回の攻撃に万事を賭けさせることになりかねない冒険的行動は、いっさい絶対に避けねばならない。突撃戦での決戦の舞台に移ったら、追い詰められた支配階級が合法性を自分でぶちこわし暴力を行使するほかなくなるような機会をとらえ、無法にたいして武器を手にして闘う権利である「革命の権利」(58)に基づいて、「最後的に勝利を確保する強襲」として、蜂起による市街戦を敢行する。およそこのように、軍事知識を役立て、軍事リアリズムを発揮する形で、エンゲルスは論じている。

〝政治的遺書〟における多数者革命としての陣地戦戦略、その展開の行程としての陣地戦―包囲戦―突撃戦の確定は、マルクス、エンゲルスの革命論追求の最終成果を示しており、理にかなっているだろう。また、二〇世紀にあっても継承されるべき革命の基本路線であったろう。

陣地戦、包囲戦から突撃戦への移行にあたって、経済過程の動向いかんの分析が欠けているが、これは、不況が慢性化して最終的恐慌が準備されているとの予想が前提されているとともに、他方では革命過程の自然必然的進行という特有の把握がなされていることによるものだろう。

一八七〇年代末からの一連の追求過程を押さえるとより一層明瞭なのだが、戦略と戦術を区別し有機的に関連づけて、状況に応じて柔軟に適応しうる形で革命路線を構想しているのも、特色であり長所と言える。この点、〝政治的遺書〟をめぐる従来の解釈では、革命の戦略と戦術とが区別・関連において捉えられず、陣地戦、包囲戦戦術での議会選挙闘争重視が即議会主義戦略、突撃戦戦術での市街戦の主張が即暴力革命戦略として受け取られてきた。そして、議会主義革命か暴力主義革命かの枠組内での不毛な択一に陥ってきたところがある。

一つの核心問題である突撃戦の戦術をめぐって言えば、革命が勝利を画するには防御から転じての決定的な攻撃、国民的一斉決起の総攻勢がなければならないことは、そのとおりであるにちがいない。エンゲルスは、ドイツでの突撃戦の闘争形態の最も有力な選択肢として、従ってまた、必然的なものとしてよりもむしろ多分起こりうるものとして、市街戦を説いた。ただ、その闘争形態として、より大衆的で全国的な性格をもつ政治的ストライキもしくはゼネラル・ストライキではなく、市街戦を選択している点は、サンディカリストへの党派的対抗という性格を帯びており、ドイツの政治的特質の判断いかんとあわせて、更に踏み込んだ検討を要する

事柄だろう。(59)

イギリスなどでは、ドイツとは別の適切な闘争形態の採用が念頭におかれているにちがいない。しかし、どういう闘争形態をとるにせよ、政治革命による国家権力の掌握は厳しい決戦をくぐり抜けなければなしとげられない。このことを、エンゲルスははっきりと説いたのであった。

五　社会革命路線のゆらぎ

〝政治的遺書〟を到達点とする陣地戦―包囲戦―突撃戦の革命路線、その戦略戦術を検討してきたが、晩年のエンゲルスの全体としての革命論に関して、更に別の面で明らかにすべき事柄が存在する。

すでに仄めかしてきたように、エンゲルスの陣地戦―包囲戦―突撃戦の構想は、〝政治的遺書〟に端的なごとく、政治的、それに軍事的方面を主軸にして組み立てられていて、それに比べると、経済的、社会的方面については手薄であった。エンゲルスは、もっぱら政治革命としての陣地戦戦略について論示しており、社会革命としての陣地戦戦略としては追求不十分に終った。晩年のエンゲルスがなによりも力を注いだのは、後期マルクスが定立した社会革命路線において不確定に残されていた政治革命の戦略戦術を、現出した政治上の新時代の要請に応じて解明することにあった。こう受けとめることもできる。

だが、陣地戦戦略が政治革命中心に流れている最も有力な理由は、エンゲルスが、革命後にとるべき方策として、主要な生産手段の国家的所有化など、国家主導の経済的、社会的変革を想定していることにあろう。主要な生産手段の国家的所有化など、国家主導の過渡期経済建設を進めるのであれば、それを予定して、あるいはそれに逆規定されて、生産協同組合をはじめとする諸々の協同組織を創設、発展強化して資本主義社会を掘りくずし、それに対抗する拠点を拡充する闘いは、たかだか、付随的な位置しか与えられなくなるからである。

後期エンゲルスは、『反デューリング論』などで、革命によって主要な生産手段を「国家（的所有）化 Verstaatlichung」することを唱え、生産手段の社会的所有への過渡として国家的所有化を定置し、国家主導の過渡期経済建設を説いた。その所説は、別の著論で指摘し批判してきたように、根本的な難点を有しているし、後期マルクスが到達した協同組合を生産と所有の主軸にする過渡期経済建設路線と相違していた[60]。

エンゲルスの見解を端的に表わす一文を示そう。「プロレタリアートがその勝利後に、すぐ使えるかたちで見いだす唯一の組織が、まさに国家です。……こうした時点で〔アナーキスト達が主張するように〕それを破壊することは、勝利したプロレタリアートが、その助けを借りて、いま奪取したばかりのその権力を有効にはたらかせ、資本家というその敵を制圧し、社会の経済革命を遂行することができる唯一の機構を破壊することを意味します」[61]。こうした国家主導の経済建設路線では、旧来の社会の内部で新しい、高度の社会の基礎に転化する経済的システムを育成する問題は、すっかりなおざりにされてしまう。

ここで明らかになるのは、国家主導の過渡期社会建設路線との連接による、晩年のエンゲルスの社会革命路線のゆらぎである。

エンゲルスにおける社会革命路線のあやふやさは、彼が『共産主義派宣言』の国家中心主義的政治革命論を肯定的に顧みている点にも窺える。右の引用文のすぐ前では、「労働者階級は、まずもって国家という組織された政治権力を手に入れ、その助けを借りて資本家階級の抵抗を弾圧し、社会を新しく組織しなければならない[62]」と述べて、その典拠として「一八四八年の『共産主義派宣言』の第二章末尾」を挙げている。『共産主義派宣言』の各版の序文を比較してみても、マルクスと共同署名の一八七二年ドイツ語版序文では、「第二章の終わりに提案している革命的諸方策には、けっして特別の重点をおいてはいない。この箇所は、今日書くとすれば、多くの点で書きかえなければならないであろう[63]」との反省が折り込まれていた。だが、エンゲルス単独の一八八八年の英語版序文になると、第二章末尾の革命的諸方策の変更についての言及はなく、「『宣言』は、疑いもなく、あらゆる社会主義文献のなかで最も普及した、最も国際的な著作であり、シベリアからカリフォルニアまでの幾百万の労働者によって承認された共同の政綱[64]」だとして、その歴史的意義が顕揚される。かかる晩年のエンゲルスによる『共産主義派宣言』の評価が、後世に伝承されてゆくことになる。

エンゲルスは、過渡期社会構想において、マルクスにならって協同組合的な生産と所有のシステムを新たに取り入れながら、他面では生産手段の国家的所有を編成軸として堅持して、相異なる方位を併存させていた。それと同じように、革命論においては、社会革命路線に転じながら、一面では国家中心主義的革命路線を残していた。晩年のエンゲルスが想定している革命過程は、社会革命路線を敷設しているが、それが国家主義的に逸脱する可能性を潜在させていた。

難点を追加しよう。エンゲルスは、プロレタリア革命によって樹立した国家権力を活用して社会の経済革命を遂行するという、国家主導の経済建設を説く一方、やはり『反デューリング論』のなかで、ブルジョアジーの発展史をめぐって、絶対王制のもとで「『政治状態』はもとのままで変わらなかったのに、『経済状態』が成長して、この政治状態の枠をはみだした」ことがブルジョア革命を呼びおこし、ブルジョア革命は「新しい『経済状態』が存立し発展することのできるような政治状態をつくりだした」と説いている。(65) こうした議論は、ブルジョア革命は、封建制度の胎内で資本主義経済が生まれ成長するのを基礎にして、新しい経済の発展を妨げる政治的足枷を除去する任務を果すが、プロレタリア革命の任務は、それとはまったく異なって、政治権力を獲得し、(66) それを梃子にして社会主義経済を新たに建設することだとするレーニン＝スターリンのテーゼに、道を開くことになった。

今日のマルクス主義理論研究においては、比類のないほど固く結ばれあって共同の事業に取り組んだマルクスとエンゲルスがそれぞれに有する思想的、理論的な個性的特徴にまで立ち入って考察し、それらの異同を明らかにする「マルクス、エンゲルス問題」が、欠かすことのできない論項になっている。哲学、経済学、国家論、それに未来社会論の分野で、マルクスとエンゲルスの間に、持ち味の違いにとどまらない、重大な相違の所在が、すでに論じ証されている。(67)

革命論に関して、マルクスもエンゲルスも、将に来たるべき革命についての主観主義的な願望にしばしば陥り、蹉跌し、模索しながら、基本路線を定めるにいたったものの、十分な考究を重ねるにはいたらなかった。それゆえに、革命論は、両者間の相違もさほど問題にならない分野である。世界の社会主義運動は、ドイツでも、フランス、イギリスでも、アメリカ合衆国でも、漸く発展が本格化する途上にあった。そうした歴史的現状にマルクス、エンゲルスの革命論も、制約されざるをえなかった。第二インターナショナルの発足という新発展段階に対応する老エンゲルスの陣地戦の戦略戦術論的追求は、彼らがこの分野で遺した最も確かな業績であった。(68)晩年のエンゲルスの革命論の後期マルクスのそれからのずれは、そうしたなかでの問題であった。

【註】

（1）エンゲルスからベーベルへ、一八八六年一月二〇日付けの手紙、第三六巻、三七五頁。
（2）エンゲルス「アメリカ合衆国における資本の集積について」、第一九巻、三〇〇頁。
（3）エンゲルス「イギリスの経済的、政治的発展の若干の特殊性について」、第二二巻、三三七頁。
（4）エンゲルスからラファルグへ、一八九三年六月二七日付けに手紙、第三九巻、七九
（5）エンゲルス「ジーギスムント・ボルクハイムの小冊子『ドイツの狂熱的愛国者たちを回想して』への序文」、第二一巻、三五七頁。
（6）エンゲルスからベーベルへ、一八八六年九月一三日付けの手紙、第三六巻、四六〇―四六一頁。
（7）エンゲルスからベーベルへ、一八八六年一一月二日付けの手紙、第三六巻、四九六頁。
（8）エンゲルス「ドイツにおける社会主義」、第二二巻、二六一頁。
（9）『マルクス＝エンゲルス全集』、第三七巻、五〇八頁。
（10）「ロシアと〔フランスが〕同盟しておこなわれる対ドイツ戦争は、なによりもまず、ヨーロッパで最強の、最もぬかるところのない社会主義政党にたいする戦争でもある……。ロシアを援助するどんな攻撃国にたいしても、全力を尽くしてぶつかってゆく以外には、われわれに残された道はない、ということだ」（エンゲルスからベーベルへ、一八九一年九月二九日付けの手紙、第三八巻、一三〇―一三一頁）。他にも、第二二巻、二六一頁。第三八巻、一五二頁。
（11）エンゲルス「『ベオバハター』のための『資本論』第一巻書評」、第一六巻、二二五頁。
（12）エンゲルス「『ドイツ農民戦争』一八七〇年版の序文への追記」、第一六巻、五一〇頁。
（13）エンゲルスからベッカーへ、一八七八年一月一一日付けの手紙、第三四巻、二五二頁。
（14）エンゲルス「一八七七年におけるヨーロッパの労働者」、第一九巻、一三六頁。

(15) エンゲルスからベッカーへ、一八七八年一月一一日付けの手紙、二五二頁。
(16) エンゲルスからカウツキーへ、一八八一年八月二七日付けの手紙、第三五巻、一八七頁。
(17) 「フランスは、歴史上の階級闘争が常に他のどの国よりも徹底的に、決着まで闘いぬかれた国であり、従ってまた、次々と交替する政治諸形態……が最も明確な輪郭をとってきた国である。中世には封建制度の中心であり、ルネサンスこのかた統一的な身分制度の模範的な国であったフランスは、大革命で封建制度を粉砕し、ヨーロッパのどの国にも見られないほど典型的な形で、ブルジョアジーの支配を打ち立てた。そして支配の地位についたブルジョアジーにたいする台頭しつつあるプロレタリアトの闘争も、ここでは、他では見られなかった鋭い形をとって現われている」（エンゲルス「マルクス『ルイ・ボナパルトのブリュメール一八日』第三版への序文」、第二一巻、二五四頁）。近代政治や国家の研究に大きな影響を与えてきた、この周知の命題の重大な難点については、拙著『現代の国家論』、世界書院、一八八九年、三〇―三五頁で明らかにしている。
(18) エンゲルスからカウツキーへ、一八八四年一一月八日付けの手紙、第三六巻、二〇八頁。
(19) エンゲルス「『アルバイター・ツァイトゥング』の日刊実現にあたって、オーストリアの労働者への祝辞」、第二二巻、五〇三頁。
(20) エンゲルスからベルンシュタインへ、一八八三年八月二七日付けの手紙、第三六巻、四九頁。
(21) エンゲルスからシュリューターへ、一八八七年三月一九日付けの手紙、第三六巻、五五五頁。
(22) 同右。
(23) 同右、五五六頁。
(24) エンゲルス『共産主義者同盟の歴史』、第二一巻、二二五頁。
(25) 「ロシアでは一七八九年に近づいている、という見解に私を向かわせます。……これは、一握りの人たちにとって革命遂行が可能な、例外的な場合の一つです。……もしブランキ主義――小さな陰謀行為によって社会全体をひっくりかえそうという空想が、なんらかの存在理由をもったとすれば、それはきっとペテルブルクにおいてです」（エンゲルスからザスーリチへ、一八八五年四月二三日付けの手紙、第三六巻、二七三―二七四頁）。これは、重要な、格別な注目に値する見解である。

(26) エンゲルス「『ゾツィアルデモクラート』読者への告別状」、第二二巻、七六頁。
(27) 「ドイツにおける社会主義」、二五五頁。
(28) 同右、二五六頁。
(29) 同右、二五七頁。
(30) エンゲルス『家族、私有財産および国家の起源』、第二一巻、一七二頁。
(31) 方法論的自然主義を理論的特徴として有するエンゲルスは、早期から革命を自然現象として捉えている。「革命というものは純粋な自然現象で、この現象は、平時に社会の発展を基底する諸規則によってよりも、むしろ物理的な諸法則によって導かれる」（マルクスへ、一八五一年二月一三日付けの手紙、第二七巻、一六八頁）。
(32) エンゲルスからカウツキーへ、一八八四年一一月八日付けの手紙、二〇九頁。
(33) エンゲルス「一八九一年の社会民主党綱領草案の批判」、第二二巻、二四〇頁。
(34) 同右、二四一頁。
(35) 晩年のエンゲルスがドイツ社会民主党に及ぼした影響について、H-J・シュタインベルク『社会主義とドイツ社会民主党』（原著一九六七年、時永淑・堀川哲訳、御茶の水書房、一九八三年）のⅠ、Ⅱ、Ⅲに詳しい。
(36) エンゲルス「一八九一年の社会民主党綱領草案の批判」、二四一頁。

(37) エンゲルスからリープクネヒトへ、一八九三年七月二七日付けの手紙、第三九巻、九八頁。
(38) エンゲルスからラファルグへ、一八九二年一一月四日付けの手紙、第三八巻、四四三頁。
(39) 淡路前掲書、第二部の「第二章　エンゲルスの〝政治的遺書〟について」を参照のこと。
(40) 「マルクス『フランスにおける階級闘争』(一八九五年版)への序文」、五〇八頁。
(41) 同右、五一九頁。
(42) 同右。
(43) エンゲルス「フランスとドイツにおける農民問題」、第二二巻、四九四頁。
(44) 「マルクス『フランスにおける階級闘争』(一八九五年版)への序文」、五二〇頁。
(45) 同右、
(46) 同右、四九四頁。
(47) 同右、五〇八頁。
(48) 同右、五一〇頁。
(49) 革命期と、それに続く共産主義社会もしくは社会主義社会への過渡期との関係について、マルクスもエンゲルスも明らかにしていない。爾来、両時期の区別がなされなまま、二重うつしにされてきた(それだけではなく、スターリン主義や毛沢東主義などのもとで、社会主義社会そのものとそれへの過渡期社会の二重うつしさえ、通念となってきた)が、明確に区別されるべきである。革命自体がかなりの年月を要するだろうし、それ以上に共産主義社会への過渡期は相当の長い期間にわたらざるをえないと考えられるからである。そうした区別を欠いているから、例えば、革命期に問題になるプロレタリアート独裁を、共産主義社会への過渡期の全時期に拡張する『ゴータ綱領批判』のマルクスの誤りが生まれることになろう。

(50) 「マルクス『フランスにおける階級闘争』（一八九五年版）への序文」、五一四頁。
(51) 同右、五一九頁。
(52) 同右、五一五頁。
(53) 同右、五二一頁。
(54) 同右、五一五頁。
(55) 同右、五一八頁。他にも、「君自身、バリケード時代遅れになった、と言っている。（だが、軍隊が三分の一ないし五分の二まで社会主義的になって、寝返りの機会を与えさえすればよいようになれば、バリケードは再び有用になりうる）」（カウツキーへ、一八九三年一月三日付けの手紙、第三九巻、一四八頁）。
(56) 同右、五一六頁。
(57) 同右、五二〇頁。
(58) 同右。
(59) エンゲルスは、一八七三年のスペイン蜂起においてバクーニン主義者が組織したゼネストについて批判的に論評したり、最晩年に「政治的ストライキは即座に勝利するか……あるいは途方もない恥さらしに終わるか、それともまた直接にバリケード戦に導くか、そのいずれかでなければならない」（カウツキーへ、一八九三年一月三日付けの手紙、一四八頁）と述べたりして、大衆的政治ストやゼネ・ストに、いったいに消極的評価を与えている。
(60) 『マルクス社会主義像の転換』、前篇の「五　後期エンゲルス」。
(61) エンゲルス「カール・マルクスの死によせて」、第一九巻、三四一―三四二頁。エンゲルスからパッテンへ、一八八三年四月一八日付けの手紙、第三六巻、九―一〇頁。

(62) 同右、三四一頁。九頁。
(63) エンゲルス「『共産主義派宣言』(一八七二年ドイツ語版)序文」、第一八巻、八七頁。
(64) エンゲルス「『共産主義派宣言』(一八八八年英語版)序文」、第二一巻、三六〇頁。
(65) エンゲルス『反デューリング論』、第二〇巻、一七〇頁。
(66) レーニンによると、「ブルジョア革命と社会主義革命との基本的な区別の一つは、封建制から成長してくるブルジョア革命にとっては、封建社会のすべての側面を徐々に変化させる新しい経済組織が旧体制の胎内で徐々につくりだされてくるというところにある。ブルジョア革命が当面したただ一つの任務は、以前の社会のすべてのきずなを一層し、捨て去り、破壊するということであった。……社会主義革命は、これとはまったく異なった状態にある。……ここでは、破壊という任務のうえに、新しい、前代未聞の困難な任務、——組織的任務がつけくわわる」(「ロシア共産党(ボ)第七回大会」、第二七巻、八三頁)。これを受けて、スターリンは、プロレタリア革命とブルジョア革命との相違を「五つの基本点」にまとめた。そのうちの第一点、第二点を引こう。「(一)ブルジョア革命は、公然たる革命がおこるまえに、封建社会の胎内で成長し成熟したところの、資本主義的ウクラードの多かれ少なかれできあがった形態が、すでに存在するところにはじまるのが普通であるが、これにたいしてプロレタリア革命は、社会主義的ウクラードのできあがった形態が存在しないか、あるいは、ほとんど存在しないときにはじまる。(二)ブルジョア革命の基本的任務は、権力を獲得して、それを既存のブルジョア経済に適応させることに帰着するが、これにたいしてプロレタリア革命の基本的任務は、権力を獲得して、新しい社会主義経済を建設しとげることに帰着する」(『レーニン主義の諸問題によせて』、『スターリン全集』、スターリン全集刊行会訳、大月書店、第八巻、三六―三七頁)。ソヴェト・マルクス主義では、プロレタリア革命のためには資本主義社会の内部で新たな、高度の生産関係の生成がなければならないし、その生産関係は「協同的」、あるいは「協同労働的」なそれとして実存するという、『経済学批判』「序言」以来のマルクスの社会革命論は完全に見失われてしまい、全般的な生産手段の国家的所有、国家経営の国家主義的経済を組織化する国家中心主義的政治革命論が、定説とされてきた。

(67) 今日的動向として、杉原四郎・降旗節男・大藪龍介編『エンゲルスと現代』、御茶の水書房、一九九五年、所収の諸論文を参照のこと。

(68) マルクス、エンゲルスの革命論に関する内外の、代表的な二つの研究について、批評する。

S・ムーア『三つの戦術』(原著一九五七年、城塚登訳、岩波書店、一九六四年)は、これまでの研究のなかで、最も優れた書であろう。ムーアは、ソヴェト・マルクス主義の公式的通念から離れて、初期から晩年にいたるマルクス理論の動的な発展過程と立体的な構成のなかで、マルクス、エンゲルスの革命論の展開を跡付けて、その全体像を描き出している。

マルクスらの所論から、彼は「三つの対照的パターン」を析出する。① 主に一八四四—五〇年の「永続革命のパターン」、② 主として一八六四—八三年の「増大する窮乏のパターン」、③ 一八六四—九五年の「競争する諸体系のパターン」である。各パターンの核心をなすキーワード、および変革の優先順位は、① 「少数者革命」、「最初に権力の掌握、つぎに社会の変革、そして最後に多数者の獲得」、② 「多数者革命」、「多数者の獲得、権力の掌握、社会の変革」、③ 「改良主義」もしくは「小刻みに進められる変革」、「最初に社会の変革、つぎに多数者の獲得、更につぎに権力の掌握」である。こうした分析が、バブーフ、ブオナロッティやブランキ、オーウエン、ジョン・ステュアート・ミル、シドニー・ウエッブやベルンシュタインなどと対比しつつ提示されていて、極めて示唆に富む。

しかし、マルクス、エンゲルスの革命論の研究として、「増大する窮乏のパターン」の設定には大きな難点がある。前記の変革の優先順位が示しているように、「永続革命のパターンに劣らず、プロレタリア革命による政治権力の奪取が、経済のいかなる社会主義的変革にも先行しなければならない」としているからである。また、パリ・コミューンの経験をその範例にしたうえで、「一八七二年の〔第一インターナショナル〕ハーグ大会で、マルクス主義者とブランキ主義者とによって構成された多数者は、政治革命が社会革命に先行しなければならないという命題を提唱した」としているからである。これらは、本書の第2章で明らかにした後期マルクスの社会革命論の誤解に基づいている。ムーアもまた、ソヴェト・マルクス主義にならって、パリ・コミューンに関するマルクスの所論を捉えているのである。

関連して、古典マルクス主義とそれを後継した二〇世紀マルクス主義の隔たりを不問に付して、レーニン、カウツキーと正統派マルクス主義者たち、ベルンシュタインと修正主義者たちという二〇世紀マルクス主義の三つの潮流を投射して古典マルクス主義を分析している。こうし方法も、利点を有する反面、難点となっている。マルクスとエンゲルスの原典が後世の諸理論に引き寄せて説明され、その独自な歴史的、思想的位相の掌握が弱くなるからである。

廣松渉『マルクスと歴史の現実』（平凡社、一九九〇年）は、その「Ⅲ章　共産主義革命の構想」で一八四八年革命期、「Ⅳ章　マルクスの実践行路」で第一インター時代のマルクス、エンゲルスの革命に関する所論を、「Ⅴ章　第二インターの痙攣」の前半部では晩年のエンゲルスの革命論を取り上げて、わが国で伝統的に支配的であったレーニン主義的解釈を重ねて提示している。最も特徴的な論点を挙げよう。

Ⅲ章の一八四八年革命期について、最重点がおかれているのは、一八五〇年のいわゆる三月回状にもられている永続革命論の「次は小ブルジョアが権力を握って、……ヘゲモニーがだんだん左に寄っていって、最後に自分たちの出番になるという永続革命の構想」（九〇頁）である。但し、廣松は、三月回状の永続革命構想を、トロツキー永続革命論ではなく、レーニン労農民主独裁論の線で受けとめる。そして、「永続革命論型の戦略」、「『回状』でのマルクスや『〔民主主義革命における社会民主党の〕二つの戦術』でのレーニンの革命戦略」（二七三頁）を、マルクス主義革命論の到達基準に位置づけている。『共産主義派宣言』や三月回状の革命構想の難点は、まったく問題にされない。

Ⅳ章の第二インター時代については、パリ・コミューンの総括、教訓をめぐり、第一点として、「労働者階級はできあいの国家機構をそのまま掌握して、それを自分自身のために役立てることはできない」の命題を、「旧来の国家機構はただ粉砕しかないということ、この知見が明確に確立されるに至ったこと」として、暴力的粉砕の革命方式の確立の標識としている。第二点として、晩年のエンゲルスの発言を基にパリ・コミューンをプロレタリアート独裁として捉え、プロレタリアート独裁権力の民主主義的性格を説く。これらは、レーニンによる解釈そのままの踏襲である。他方、この時代のマルクスの社会革命論について、一言一句もない。直接にはエンゲルスについて言われているのだが、一八七三年までは「まだ『回状』当時の戦略構想を維持していた」（一四二頁）との見地を貫いている。

Ⅴ章での晩年のエンゲルスについては、さすがに永続革命論からの転換が認定されている。しかし、〝政治的遺書〟においても、エンゲルスは新たな革命論を定立するにいたらなかったとされる。

ムーアの研究書と対質すると明白であるが、廣松の書は、レーニンの教条主義的解説の再生産に終始していて、わが国における旧来のマルクス主義理論研究の偏頗な性格を大変よく表わしている。

Ⅱ　トロツキーの革命論と問題構制

第4章　トロツキーの永続革命論の再検討

トロツキーの永続革命論は、一九一七年のロシア革命の生起と推移を見事なまでに予見したユニークな理論であり、レーニンの労農民主独裁論をも凌駕する傑作であるという評価さえ得てきた。わが国ではことに、スターリンによるトロツキー永続革命論にたいする政治的な非難、否定が定説として受け入れられ有力であり続けてきたが、そのことによって、かえって存在価値を高めてもいた。

トロツキーの永続革命論は、確かに、創造性に富んでおり、マルクス主義革命論の発展的展開に大きく寄与した。しかしながら、二〇世紀マルクス主義の今日的な総括、ロシア革命やソヴェト・ロシアに関する現在的な再研究のなかで捉え返すとき、従来とは違った見地からの考察が求められる。これまでのように、スターリン（主義者）による没理論的な排撃に対抗して、永続革命論の卓越性を擁護し称賛することにとどまってはならない。いまなによりも要請されているのは、トロツキーの永続革命論についても、新たな切り込みであるにちがいない。

一　永続革命論の特色

トロツキー永続革命論の今日的な再検討を試みるにあたって、まず、その基本的な特色を概観しておこう。

一九世紀後半から二〇世紀初めにかけ、西ヨーロッパ諸国やアメリカ合衆国が高度工業化と対外的な進出を競い合って、相互の対立を熾烈化させ、資本主義世界が帝国主義の時代へと移りゆくなかで、長らくツァーリズム専制に停滞しつつも漸く資本主義が成長発展しはじめたロシアでは、西ヨーロッパ諸国と対比した自国の歴史的発展の特殊性、それと結びついた自国にふさわしい進路いかんという問題が、ナロードニキのインテリゲンツィアの最重要な論争的テーマになった。この時期に生まれでたロシアのマルクス主義も、これらの問題に取り組んだが、その革命論的展望の分岐は、結成された社会民主労働党の諸派の基本的な争点をかたちづくることになった。

ロシアのマルクス主義者達は、当面する革命がツァーリズムを打倒し半封建的遺物を一掃するブルジョア革命であるとする認識では共通していた。しかし、この革命を主導する階級、従ってまた革命により打ちたてられるべき国家権力の性格、そしてブルジョア革命と社会主義革命とのつながり、更に西ヨーロッパ諸国の革命との関係などの問題に関する考察と観測で対立

した。(1)

ロシア・マルクス主義の父と称されメンシェヴィキの指導者になるプレハーノフによると、ロシアでは社会主義革命の条件は成熟していない。プロレタリアートは独立した主体として行動しつつも、ブルジョアジーが権力を掌握するのを助けなくてはならない。ブルジョア革命の後にブルジョアジーの支配のもとでの資本主義の発展のかなり長い期間を経て、また西ヨーロッパ諸国の社会主義革命の強い影響を受ける形で、社会主義革命にいたるだろう。プレハーノフは、後進国ロシアが先進的な西ヨーロッパの後を追い、ブルジョア革命、時間的間隔をおいてプロレタリア社会主義革命の順序で発達過程を歩むという、非連続の二段階革命論を構想した。(2)

ボリシェヴィキを率いるレーニンは、一九〇五年革命において労農民主独裁論を創唱した。西ヨーロッパ諸国での経験とは異なって、ロシアではブルジョア革命はブルジョア階級によっては達成されえない。この革命は、プロレタリアートが先頭に立ち農民と同盟することによってのみ遂行され、その勝利はプロレタリアートと農民階級の民主主義的独裁として成就される。勿論、プロレタリアートにとってブルジョア革命の遂行は過渡的で一時的な任務であり、資本主義化と民主主義化が実現するや、今度は貧農と同盟して社会主義革命へむかって前進する。レーニンは、来たるべき革命のブルジョア的性格を当然視しながらも、プロレタリアートが農民と同盟して民主主義的変革を可能なかぎり徹底して推し進めて、その後の社会主義的変革に最大限に有利な諸条件を創出し、発展のブルジョア的段階をできるだけ短縮することを目指した。その革命論は、労農民主独裁樹立後の社会主義革命への移行過程については多様な可能性を考慮して未確定に残しており、プロレタリアートの一貫した主導性をつきつめて永続革命論に近接する場合もあったが、基本的にはブルジョア革命と社会主義革命を発展段階的に区別する二段階革命論であった。ロシアでの社会主義革命への移行にあたっては、他方で西ヨーロッパの社会主義革命との結びつきが想定されていた。

これらにたいし、トロツキーは、高度に発達した西ヨーロッパの影響と圧力のもとにありながら著しく発展の立ちおくれたロシアは、西ヨーロッパの歴史的経過を単純に後追いするのでなく、特殊な歴史的過程を辿り、特殊な性格の革命を生まざるをえないという観点をとった。そして、ロシアのブルジョア革命はプロレタリアートを政権につかせないでその問題を解決できず、プロレタリアート独裁の樹立による社会主義革命に連続的に発展転化せざるをえないし、後進国ロシアが先進国に先んじてヨーロッパのプロレタリア社会主義革命の口火を切ることになるという、大胆な永続革命論を唱えた。

トロツキーは、永続革命論を、自ら大きな役割を担った一九〇五年革命のなかで、パルヴスの先駆的な革命構想(3)を摂取しつつ、高揚した革命のダイナミズムとメカニズムを分析して形成した。投獄中に書かれた論文「総括と展望」は、その理論的到達を示す代表作であり、永続革命論の原像をかたちづくっている。その後、四半世紀を隔てて、スターリン（派）との闘争で敗れて国外追放されたトロツキーは、『永続革命論』（一九三〇年）を著わして、トロツキズムの原罪として攻撃された永続革命論の基本命題について正当性を再確認し、より一層の展開を図った。この二つの代表的著論を基にして、永続革命論の構造を掴もう。

永続革命論の雄大なヴィジョンは、「三つの側面」(4)から成っている。

第一の側面は、ブルジョア（民主主義）革命と社会主義革命との段階的連続性、革命的発展の永続性である。ロシアが当面しているのは、ブルジョア（民主主義）革命である。だが、「ブルジョア革命の弁証法的階級関係がプロレタリアートを権力の座につけるであろう」(5)。ロシアではブルジョアジーは革命を遂行することができないし、プロレタリアートが革命を推進し権力の座にのぼらずには、ブルジョア（民主主義）的諸課題は解決されえない。そして、「民主主義革命の指導者として権力の座にのぼったプロレタリアート独裁は、不可避的にかつ急速に、ブルジョア的所有権の深刻な侵害と結びついた諸任務の前に直面させられる。民主主義革命は、ただちに社会主義革命に成長し、それによって永続革命となる」(6)。プロレタリアート独裁権力は、革命のブルジョア民主主義的な枠にとじこもっていることはできず、社会主義的な措置に踏み込まざるをえない。このようにして、ブルジョア（民主主義）革命は社会主義革命へ、中断することなく成長転化する。あるいは、ブルジョア（民主主義的）段階から社会主義段階へと、革命は直接的に発展する。この側面が、永続革命論の起源をなしている。

第二の側面は、「社会主義革命の永続性」(7)である。プロレタリアートによる権力の獲得は、社会主義革命の終結ではなく、その開始である。その革命は、内乱を含め、諸階級の絶えざる闘争、衝突をつうじて、不断に、あらゆる面にわたって社会諸関係が根本的に変革され発展的に改造される過程をなす。社会主義への過渡的建設もまた、永続的な革命の道程である。

第三の側面は、国際革命の永続的過程である。社会主義革命は、国民的規模で開始されるが、社会主義の世界社会主義としての本質的存在性格からして、一国的枠内では完結しえず、世界的舞台にまで発展させられなければならない。プロレタリア国際主義は、世界革命の永続的性格と不可分である。後進国ロシアの革命は、西ヨーロッパ革命の導火線になり、そのはねかえりとして西ヨーロッパ先進諸国の革命からの援助を得ることによってのみ、つまり全ヨーロッパ的革命の一環としてのみ、社会主義革命の勝利とその後の建設の道を進むことができる。「ロシアの労働者階級は、ヨーロッパ・プロレタリアートの直接的な国家的支持がなければ、権力にとどまることはできないし、その一時的支配を長期的な社会主義的独裁に転化することもできないであろう」[8]。

マルクス、エンゲルスは、一八四八年革命期にドイツやフランスについて永続革命論を提唱した。その後ヨーロッパ諸国が一段の経済的、政治的発達をとげた一八六〇―七〇年代には新たな革命論に転じたが、他方では、新たな胎動が見られるツァーリズム専制のロシアで生起する革命がヨーロッパ革命の発火点になることに期待を寄せた。二〇世紀初頭、帝国主義時代に移ったなかで、トロツキーは、西ヨーロッパにあっては歴史の発展によってのりこえられた永続革命論を、後進国ロシアにおいて受け継いで適用し、新展開するのである。

「現実の事態の発展がそれを実際に試してみて、ついに一九一七年にいたって、それが正しかったことを完全に確認している」(9)と、トロツキーが述べているように、永続革命論の第一の側面は、一九一七年二月革命から一〇月革命への過程で、予測の正しさが実際的に確証された。その卓越性は、トロツキーの永続革命の公式との基本的一致に達したレーニンの有名な「四月テーゼ」の劇的な戦略的転換によっても裏付けられた。第二の側面についても、ソヴェト・ロシアの建設過程が示すように、ほぼ同様なことが言える。第三の側面については、見通しに反して、西ヨーロッパ革命は後続せず、革命ロシアは孤立した。ただ、その後のソ連の社会主義建設の惨憺たる結末からするなら、虚妄性が顕わになったスターリン(主義者達)の一国社会主義(建設可能)論にたいする原則的な正当性は、少なくとも失われないだろう。従前の評価にならって、ひとまず、以上のように確認することができる。

しかしながら、永続革命論の卓抜性を実地に証明するものとして、予言どおりに、ブルジョア(民主主義)革命の直接的な発展転化としてプロレタリアート独裁権力が樹立されると同時に、永続革命の構想に内在している弱点や欠陥が顕出する。これまで不問に付されてきたトロツキー永続革命論の重大な諸難点を抉出してゆこう。

二　プロレタリアート独裁への依存

トロツキーが唱える永続革命は、プロレタリアート独裁に決定的に依存する。「プロレタリアート独裁なくしては民主主義的諸課題さえ解決されえないであろう」[10]。ブルジョア民主主義的諸課題の解決を任務としてはじまった革命が、プロレタリア革命へと直接的に発展するのは、ただプロレタリアート独裁の樹立によってのみである。永続革命の成否は、プロレタリアート独裁いかんにかかっている。

トロツキーの予見どおり、ロシアでは、ブルジョア革命の力学がプロレタリアート独裁に導いた。一九一七年一〇月革命で樹立されたプロレタリアート独裁は、二月革命では民主主義的諸課題が達成されえなかったことから生まれでた。永続革命論の第一の側面をなす命題は、一九一七年からのロシア革命の事実によって立証されたかのようである。

しかし、永続革命論の核心を衝く問題を投げかけなければならない。民主主義的な道を経ることなく樹立されたプロレタリアート独裁は、ブルジョア民主主義的諸課題を首尾よく解決できるだろうか。そしてまた、プロレタリアート独裁によって民主主義的な体制、それもブルジョア民主主義よりはるかに民主主義的な体制へ辿り進むことができるであろうか。

後年の『ロシア革命史』のなかで、トロツキーは、ロシアの歴史的発展の特殊性を、近代的発達をとげたヨーロッパの先進諸国の側圧をうけて発展を促迫される後進国として、「一連の中間的段階をとびこえ」て発展し、歴史的過程の相異なる諸段階を結合するという「複合的発展の法則」によって説明する。[11] 帝国主義の時代の世界史的環境のなかで、ロシアは後進性を逆手にとってプロレタリア革命へと飛躍するが、その反面、プロレタリア革命の後に、欧米の先進資本主義諸国がすでになしとげた工業化や民主化を遂行して、中間的発展段階をとびこえることにより未達成のままに背負いこんだ近代史上の諸課題を解決しなければならない。こうして、革命ロシアは、遺されている前近代的要素を克服しながら、近代世界をのりこえて発展するという難題に直面し、矛盾した複合的任務を抱えることになる。一九一七年革命が永続革命として、プロレタリアート独裁の樹立によってブルジョア民主主義的任務と社会主義的任務の遂行にあたるようになるは、その典例である。

ここでは、政治の領域での民主化の問題に絞ろう。永続革命はブルジョア民主主義段階をとびこえて進展し、ブルジョア民主主義を空席に残す。革命後の建設において現在的に、とびこえたブルジョア民主主義の空席を遡及的に満たさなければならない。ロシアの後進性は政治面ではとりわけ甚だしく、ブルジョア自由主義さえ国家主義的に奇形化した形で辛うじて存在したにすぎず、ブルジョア民主主義は未発育であり、労働者、農民大衆は民主主義の経験を事欠いていた。その実状では、ブルジョア民主主義を凌駕するプロレタリア民主主義を建設する過程で、近代ブルジョア民主主義の優れた諸要素を継受することが欠かせない。この矛盾した複合的な任務をいかに推し進めるか。

ボリシェヴィキの取組みを検討するのに最も重要で、象徴的でもあるのは、憲法制定会議解散問題である。かつての社会民主労働党の政治綱領以来の第一の基本的要求の実現であった憲法制定会議は、一〇月革命後に漸くにして誕生することになった。しかし、その憲法制定会議の選挙では、国民の圧倒的多数を占める農民大衆のエスエル（正式には社会主義者＝革命家党）支持、ボリシェヴィキが依拠する労働者、兵士大衆の少数性から、エスエルが大勝し、ボリシェヴィキは少数派にとどまった。そこで、ボリシェヴィキは、再度の選挙などの慎重な配慮を欠いて、拙速に、憲法制定会議を強制的に解散させた。現状を踏まえ、ブルジョア民主主義的動向をも生かしながら、それを徐々に改造していく道を、性急に閉ざしてしまったのである。これは、ブルジョア民主主義的課題の解決ではなく、抹消であった。

レーニンにとって、二月革命以来の議会制共和国かソヴェト共和国かの一大争点は、一〇月革命によって決着がついたことであったし、より根本的には、プロレタリア民主主義、その具体的現実形態たるソヴェト民主主義こそ、民主主義の最高形態なのであった。いまさらブルジョア民主主義に譲歩するのは、反動以外の何物でもなかった。(12) ソヴェト・ロシアは、経済や文化の領域では極めて後れており多事多難であるが、政治と国家については、世界史的に最先進的であり概ね良好に進んでいるというのが、彼の一貫した基本的見地であった。

トロツキーにあっても、憲法制定会議の解散は中間的段階の革命的な「とびこえ」の格好の実例であった。「プロレタリアートは、憲法制定会議に数時間の生命を許しただけで、民主的議会主義の段階を『とびこえた』のであった[13]」。「憲法制定会議の解散は、選挙を延期して相応の準備をすれば達成されたであろう目標を革命的な、手荒な方法で実現した[14]」。そしてまた、後年、レーニンの下記の文を引いて、ソヴェト・ロシアの政治システムのブルジョア民主主義なそれにたいする優越性を確認している[15]。「われわれの政治機構において、イギリスよりもドイツよりも進んでいる。……それと同時に、社会主義を物的・生産的に開始するための準備の程度においては……西欧諸国のなかの最も後進的な国よりも立ちおくれている」。

尤も、トロツキーは、「社会主義以前の課題を解決するために社会主義的諸方法をとる[16]」という見地をも表明している。しかし、その場合の課題とは高度な生産力を達成する工業化であり――しかも、次節で見るように「社会主義的方法」とは実際には国家主義的方法である――、政治的な自由、民主主義に関しては、「社会主義以前の課題を解決する」という問題は存在しなかった。どうして、そうなったのだろうか。

レーニンやトロツキーの独裁と民主主義の理論に眼を転じよう。

「総括と展望」において、トロツキーは、フランス大革命時のジャコバン主義について、ブルジョア民主主義にたいしてよりも高い評価を与えている。「ブルジョア民主主義がジャコバンの、サンキュロットの、ロベスピエールの、一七九三年の民主主義ほどの高みに達し、人民の心のなかにあれほど偉大な炎を燃え上がらせたことが、ほかのいつの時点においてあっただろうか？」[17]。そして、ジャコバン独裁をサンキュロット独裁と同一視しつつ、ジャコバン独裁の継承を図っている。

ジャコバン派は、人民の敵にたいする独裁と人民のなかでの民主主義という独裁＝民主主義の論理をとって、一方でテルールを断行し他方で民主主義を唱道した。ジャコバン独裁をプロレタリアート独裁の前駆に見立てることは、すでにエンゲルスに端を発していたが、トロツキーも、プロレタリアート独裁を立論するにあたり、独裁と民主主義を表裏一体とするジャコバン主義の独裁＝民主主義説にならっているのである。

そうしたプロレタリアート独裁＝民主主義の理論を、レーニンは定式化している。代表的には『国家と革命』では、「プロレタリアートの独裁は、民主主義を大幅に拡大し、この民主主義ははじめて富者のための民主主義ではなしに、貧者のための民主主義、人民のための民主主義になるが、これと同時に、プロレタリアートの独裁は、抑圧者、搾取者、資本家にたいして、一連の自由の除外例をもうける。人類を賃金奴隷から解放するためには、われわれは彼らを抑圧しなければならないし、彼らの反抗を、暴力で打ちくだかねばならない。そして抑圧のあるところ、暴力のあるところに自由がなく、民主主義がないことは、明らかである」[18]。プロレタリアート独裁は、旧支配階級にたいして暴力的に抑圧し、民主主義から排除するが、その反面では、プロレタリアート、人民大衆にとって民主主義を拡大発展させる、というのである。

レーニンにならって、トロツキーもプロレタリアート独裁について説く。「同時にそれは真のプロレタリア民主主義を言っているにすぎない」[19]。

概して、トロツキーは、民主主義に関して、まとまりのある自論を展開していない。レーニンの所論に従っている。ブルジョア民主主義について、形式性や欺瞞性といった克服すべき短所面を徹底して批判するが、摂取すべき長所面には眼をむけない。他方、レーニン以上に、プロレタリアート独裁を強調する。

プロレタリアート独裁をもってブルジョア民主主義に勝るプロレタリア民主主義でもあるとするのは、しかしながら、根本的で重大な過誤である。

ブルジョア民主主義は、近代初期一七―一八世紀におけるイギリス、フランスのブルジョア革命、アメリカの独立革命により成立し揺るぎないものとなったブルジョア自由主義が、近代盛期を迎える一九世紀になって民主主義化する形で、典型的にはJ・ベンサムやJ・S・ミルの自由民主主義論、イギリスの議会制民主主義制度として形成され発展をとげた。この歴史的段階で、資本主義経済の豊かな発達に基づいて、ブルジョア階級は、プロレタリア階級を、体制の敵として排除するのをやめ、自由主義を民主化することによって体制内に統合するにいたった。ブルジョア民主主義は、支配する身分のなかでおこなわれたにすぎない前近代の民主主義とはもとより、被支配階級を国家の構成員としながらも市民的、政治的自由をブルジョア階級に限定していたブルジョア自由主義とも相違し、被支配階級であるプロレタリアートにも市民的、政治的自由を許容し、対立階級、異質集団をも民主主義的に包摂する。

ここに、民主主義観念が近代的に転換する。つまり、近代ブルジョア民主主義は、その歴史的特質として、被支配階級にも市民的、政治的権利を認め――そこには、なお諸制約が儼として所在するが――、相対立する諸階級の間でおこなわれる民主主義、被支配階級を包摂した国民的な民主主義であり、多元的性格、寛容的性格を長所として備える。爾来、民主主義は、自階級、同質集団の内部だけではなくして、対立しあう諸階級、異質な諸集団の間でおこなわれて、はじめて民主主義なのである。

一九世紀後葉から、そうしたブルジョア民主主義が広がり定着する発展段階を、ロシアは別としても、世界史的には迎えているなかで、レーニンやトロツキーは、ブルジョア的な自由主義と民主主義を無差別的に同一視して批判したうえで、対立階級、異質集団にたいしては自由を剥奪し民主主義から排除することを原則にし、この奇形的で、近・現代的な意味では民主主義ならざる民主主義を、ブルジョア民主主義よりはるかに優れたプロレタリア民主主義、ソヴェト民主主義として高唱し制度化したのであった。自由、民主主義のブルジョア性、それにともなう金権主義的性格やエリート主義的性格などの短所を、プロレタリア階級（および同盟階級）の内部に自由、民主主義を制限することで克服しようとするのは、倒錯であり、ロシア史のうえではともかく、世界史的には逆行であった。[20]

代表的実例を挙げて、プロレタリアート独裁の一体的反面をなすプロレタリア民主主義、ソヴェト民主主義の歪みを明らかにしよう。

一九一七年一〇月蜂起によって革命政府を打ちたてるや、ボリシェヴィキは、即座に「出版に関する布告」をだして、ブルジョア新聞の閉鎖、敵階級からの出版の自由の剥奪にのりだし、エスエル、およびボリシェヴィキの一部の反対を押し切って、それを断行した。この出版の自由の強権的抑圧を、トロツキーも断固として正当化した。「権力がブルジョアジーの手中にあったときは、われわれは出版の自由を主張した。権力が労働者・農民の手中にあるとき、われわれは自由な出版の条件を創造すべきである」(『プラウダ』一九一七年一一月七日号)[21]。ちなみに、この事件では、「出版に関する布告」に先立って、ペトログラード軍事革命委員会――トロツキーの指導下にあって革命の勝利に大きく貢献した――によって、ブルジョア新聞閉鎖の措置がすでにとられていた、といわれる。

「自由な出版の条件」とは、出版手段の国家的所有化、ソヴェトによる管理を指していたが、そこでは、対立階級は出版の自由から排除されるのである。民主主義とは無縁なツアーリズム体制下で革命党として無制限の出版の自由を要求してきたボリシェヴィキは、国家権力を奪取するやいなや、いわばツアーリズム専制の裏返しの模倣として、対立する党派や集団の出版の自由の弾圧に転じたのだった。

「出版に関する布告」は、人民委員会議が単独で重要な立法行為をおこなった点でも、反対者達が批判したように、民主主義の重大な侵犯であり、ソヴェト国家の公安委員会型国家としての性格を表わしていた。

革命政権がとった出版に関する政策は、ソヴェト・ロシアでの出版活動の党と国家による統制、出版の規制・抑圧の出発点を画するとともに、民主主義をめぐっての暗い先行きを予示していた。だが、トロツキーはいささかもその正当性を疑わなかった。「わが国において出版は、勤労者が自己の権力＝自己の独裁を実現する手段である党の手中に独占されている。出版は階級的独裁の最も重要な武器の一つである」(22)。

そもそも、プロレタリアート独裁によって民主主義を築くことができるだろうか。否であろう。マルクスが唱えたプロレタリアート独裁を批判したバクーニンの主張は、そのかぎりでは正当であって、自由は自由のみによって、民主主義は民主主義のみによって生み出すことができる。これが、原則であるにちがいない。

プロレタリアート独裁を通じて民主主義を達成するという想定は、近・現代にあっては相反し矛盾しあう独裁と民主主義の関係を、なんら矛盾しない、合い補う一体的両面とする曲解に立脚している。しかも、この場合、独裁の樹立は、国家の消滅という到達目的と極度に矛盾する手段に訴えることであり、現実に国家権力の社会、人民大衆への吸収の方位とは逆に国家権力の強大化を不可避にする。

そのうえ、マルクスによるプロレタリアート独裁の提唱以来の一貫した難点として、独裁の自発的な解除はどのようにして可能か、その過程的論理は不問に付されていて、不明である。主観的意図に反して、客観的事態として、目的と手段の転倒、手段の自己目的化へといたる危険性は甚だ大きい。[23]他方では、独裁の半面をなす階級内民主主義、同質集団内民主主義は、そこに内有される異質物の排除の論理、あるいは一枚岩主義の論理によって、状況が逼迫すると、通敵説や利敵説を介し、敵階級の権利の剥奪から反対政党の権利の剥奪へ、遂には自党内の反対派の権利の剥奪へと傾動してゆく必然性を秘めている。対応して、独裁の主体は階級から党へ、更には個人へと頽落してゆく。[24]実際にソヴェト・ロシアが辿ったのは、そうした過程である。

更に、一九一九年三月に採択されたロシア共産党綱領は、「政治的権利の剥奪や、なんらかの自由の制限は、自分らの特権を固執したり復活しようとする搾取者の試みとたたかうための一時的な措置としてだけ必要である」と規定した。そこで言う「一時的」とは、「人間による人間の搾取の客観的な可能性がなくなる」まで、[25]すなわち社会主義社会に到達するまでの期間であった。搾取者にたいして政治的権利を剥奪し民主主義から排除するプロレタリアート独裁は、社会主義への過渡期の当初の一時期に限定されるのではなく、過渡期の全時期にわたるのである。独裁は、もはや例外的でも臨時的でもなく、過渡期をつうじての通例的で恒常的な要件とされたのである。しかし、これは、例外性や臨時性を本義とする独裁からの逸脱であり、永続化する独裁としての専制にほかならない。

論じてきたことを纏めよう。トロツキーが論定する永続革命論は、革命の実現とともに、プロレタリアート独裁によって自由や民主主義を達成しなければならないというアポリアを抱えこむ。ブルジョア民主主義革命からの直接的発展として権力の座に登ったプロレタリアート独裁は、独裁と民主主義に関する過誤のゆえに、民主主義的課題を解決することができない。のみならず、永続独裁としての専制へと転結する蓋然性を有している。

三　国家主導主義的過渡期建設

一九〇五年革命のなかで永続革命論を形成する当時のトロツキーは、社会諸階級の革命的権力闘争と国家との関係について、国家は「社会的諸関係の編成・解体・再編成の最大の手段である。それ［＝国家］が誰の手中にあるかによって、それは根本的変革の槓杆にもなりうるし、有機的後退の道具にもなりうる(26)」と位置づけている。国家論としては、国家を支配階級が思いのままに操作しうる支配の道具と見做す「国家＝道具」説の類に属していると言える。照応して、革命構想は、社会諸関係の編成環をなしている国家権力を奪取し、奪取した国家権力を最大の武器として社会諸関係を解体し新編成するという、国家中心主義的政治革命として特徴づけられる基本的性格をもっている。

ロシアでは、市民的、政治的自由が厳しく抑圧され、労働者や農民の自主的な組織、運動も未成長であった。そうした後進国では、革命は社会中心の革命としては発想され立論されえない。ツアーリズムは国家によって社会を統括していたが、それを革命により転覆して生まれる新体制の建設の最大の手段もまた国家なのである。

トロツキーが唱える永続革命は、国家権力奪取後の国家主導主義的経済建設に一体的に連動する。すでに「総括と展望」は、革命後における国家主導の経済建設を明確にしていた。「プロレタリアートは権力を握れば、自らの置かれている状況の論理全体によって不可避的に、国家負担による経済運営へと突き進んでいくだろう」(27)。社会主義経済への道としては、国家的規模での「集産的経営」(28)、「集産主義的生産」(29)など、集産主義が基本路線であった。

ロシア革命後、一九二一年のネップの開始にかけての時期、トロツキーが推進した経済建設もまた、全面的な国家主導主義につらぬかれていた。「社会主義経済への前提条件は、生産手段の国有化 национализация である」(30)。生産手段の国家の手への集中は、経済の管制高地の構築を意味する。更に、「工業と運輸の主要な手段が国家という唯一の所有者に属しているソヴェト・ロシアでは、経済生活に対する国家の積極的干渉は、必然的に、計画的な性格を持たざるをえない。そして、所有者であり主人である国家の支配的役割のゆえに、計画原理はすでに最初から特別の意義を獲得する」(31)。「ソヴェト工業を国家経営、すなわち社会主義工業 государственная т.е. социалистическая промышленность として維持［する］」(32)、等々。

トロツキーは、「戦時共産主義」の実情を踏まえ、穀物の割当徴発制度を現物税制度に変えることを提案し、ソヴェト政権によるネップの採用に先駆けて、ネップへの転換を最初に主張した。その功績は、正当に評価されてしかるべきである。だが、彼がネップ、市場メカニズムの利用と結びつけたのは、国家的所有や国家計画や国家経営のシステム、すなわち国家主義的経済システムにほかならなかったことを、看取しなくてはならない。国家主導主義的経済建設の大枠のなかに、副次的に市場の利用を位置づけたのである。更に重大なのは、トロツキーが、他のボリシェヴィキと同じように、国家主導主義的経済システムが過渡期経済の後進国における国家主義的奇形であることにまったく気づかず、その発展を社会主義への過渡期経済の本来のあり方と錯覚してしまっていることである。

トロツキーは、こうした生産手段の国家的所有、工業の国家経営、国家計画などからなる国家主導主義の経済建設路線を生涯にわたって堅持する。

かかる国家主導主義の経済建設は、中央集権主義を当然の前提とし、また結果ともしている。トロツキーによると、「社会主義のもとでは経済は中央集権的に管理されるだろう」[33]し、中央集権は「地方分離主義と妥協することのできない新しい社会の、不可抗的な要素」[34]であった。

別の面からすると、プロレタリアート独裁という点からも、永続革命により打ちたてられるのは、中央集権国家でしかありえない。独裁は、特定の機関への権力の集中を特徴的標識の一つとするのであり、徹底して中央集権的である。レーニンとまったく同じように、トロツキーも、パリ・コミューンについて、「それはプロレタリアート独裁であった」[35]としつつ、中央集権制、執行と立法の権力統合制の公安委員会型国家をパリ・コミューン型国家として主張している。

つまり、永続革命は、中央—地方の権力関係では、中央政府権力を奪取してプロレタリアート独裁を樹立し、中央のプロレタリアート独裁権力を介して地方権力を手中にしていくという道筋を辿る、中央主導の革命であり、中央集権主義国家の築造を必須たらしめる。

国家主導主義の経済システムや中央集権主義の国家システムは、さしあたっては、それによって社会の弱点や欠陥を補うことができよう。けれども、やがて、そうしたシステムそのものが体制の弱点や欠陥となってしまうにちがいない。

当時のマルクス主義においては、プロレタリア革命後、社会主義社会を目指しての建設に踏み出すにあたって、過渡的に、主要な生産手段を国家的所有にすることや中央集権体制をとることは、『共産主義派宣言』や『反デューリング論』という最も広く知られた文献に示されているごとく、公定の基本路線にほかならなかった。そのために、ソヴェト・ロシアでの国家主導主義的経済建設も中央集権主義国家も、当然視されて、その歪みが歪みとして覚識されることがなかった。

生産手段の国家的所有化や集権主義的国家体制化が、過渡期建設の当初の段階での本来の路線だとすれば、後進国ロシアの特殊的な永続革命は、革命による国家権力の掌握後には、世界各国に普遍的な過渡的建設に収斂する。そのように了解されることになる。だからこそ、トロツキーは、永続革命論を自信に満ちて提唱できたし、その創唱を誇りつづけることができたのである。

しかしながら、レーニンやトロツキーにあってはすっかり見失われてしまったのだが、円熟したマルクスは、社会主義社会への過渡期の社会・国家に関して、協同組合型志向社会と地域自治体国家を接合する構想に到達していたのであった。[36] ソヴェト・ロシアでの国家主導主義的経済や中央集権主義国家は、客観的には、後進国としての歴史的伝統を受け継ぎ、脆弱な経済を強大な国家権力によって代位、補充することを意味し、過渡期建設としては極度に国家主義的な偏倚形態にほかならなかった。

トロツキーの永続革命論において、国家中心主義的革命、プロレタリアート独裁、中央集権主義国家、国家主導主義の過渡期建設などがワンセットをなしている。過渡期建設では、国家による社会の権力主義的組織化が必然的な路線になる。国家が社会化されるのではなく、社会が国家化されていく。尤も、これらに関しては、レーニンも同様であり、ボリシェヴィキ全体に共通する基本路線である。トロツキーの特徴は、それがより一層強度で首尾一貫している点にある。

トロツキーは、一〇年程後にスターリンが提唱する「国家の死滅のための国家の最大限の強化」説[37]に先んじる形で述べている。「社会主義への道は、国家の最大限の強化の時期を通るのである。……ちょうどランプが燃えつきようとするときに、鮮烈な炎を放つように、国家もまた、死滅の前に、プロレタリアート独裁の形態、つまり市民の生活をそのすべての面で有無をいわさず掌握する国家という最も苛烈な形態をとるのだ」[38]。「戦時共産主義」の苛酷な状況下でトロツキーがおこなった労働の軍隊化の主張は、国家による労働の軍隊式動員、強制的な徴用、配置など、国家主義的社会編成の極点であった。

永続革命論は、権力の奪取に成功するや、政治権力はもとより経済権力をも一手に掌握したプロレタリアート独裁国家を造出し、その強大な国家権力をフルに活用して、社会主義に向かっての革命的変革を永続的に達成していくことを見込んでいる。ところが、そうした巨大な集権国家の存立と国家主導主義の社会編成は、社会主義とは反対の国家主義への道を辿ることが避けられない。この国家主義的方位は、いったい何時、如何にして社会主義の方位へ転進しうるだろうか。かかるアポリアにも、永続革命論は逢着する。遺憾ながら、トロツキーは、そうしたアポリアの出現を予想できなかっただけでなく、ソヴェト・ロシアの建設の進行とともにこのアポリアが顕出しているのを認識することもできなかった。

四　農民革命との衝突

農奴制的諸関係をとどめた大土地所有が支配的な農業国であり、農民が人口の八〇%をこすロシアでは、土地問題、農民問題はことのほか大きかった。トロツキーの永続革命論の独自性は、この問題領域においても顕著であった。まず、その独自な論点を把握しよう。

第一点として、トロツキーは、農民運動、農民革命の政治的な自律性について、これを否認する。「歴史的経験は、農民が独立した政治的役割を担う能力を完全に欠いていることを示している」[39]。この「総括と展望」での明言を、彼は『永続革命論』でも再認する。そして、農民運動の歴史的性格をブルジョア（民主主義）的、あるいは小ブルジョア的なものとして規定して、労働者運動と農民運動の相互関係に関し、双方の協調の不可欠性とともに異質性をはっきりと認識している。『ロシア革命史』によると、「ブルジョア的発展の黎明を特徴づける運動たる農民戦争と、ブルジョア的発展の黄昏を告げる運動たるプロレタリアの反乱〔は〕完全に異なった歴史的範疇にぞくする二つの要因」[40]である。

こうして第二点として、永続革命におけるプロレタリアートの主導性の貫徹を強調し、レーニンのプロレタリアートと農民の革命的な民主主義的独裁を批判して、「農民に依拠するプロレタリアート独裁」[41]を掲げる。プロレタリアート独裁権力の樹立は、国民の圧倒的多数を占める農民大衆の支持がなければ不可能である一方、農民が切実に要求している土地変革は、プロレタリアート独裁なしには成就されえないのである。それとともに、「権力に就いたプロレタリアートは、農民の前に、彼らを解放すべき階級として立ち現われるであろう」[42]。

第三点は、土地問題について、エスエルの「土地社会化」綱領にたいする集産主義の立場からする厳しい批判である。土地の均等用益、土地総割替を意味する「土地の社会化」に、トロツキーは、プロレタリアートの革命との異質性、対立性を見て取っている。「この綱領は、一方では小所有者の無目的で純粋に形式的な没収を前提し、他方では大地主領地の小地片へのまったく現実的な細分を要求する。かかる政策は、直接的には経済的に浪費であり、反動的・ユートピア的な下心をその基礎にもっており、そしてなによりも政治的には革命政党を弱めるものであろう(43)」。

さて、二月革命の全国への波及のなかで、農村では、大土地所有制の下で苦しんできた農民たちが解放を求めて立ち上がり、土地を奪い配分する土地変革が進行した。『ロシア革命史』のトロツキーは、「複合的発展の法則」を具現するロシア革命の複合的性格について明らかにしているが、一〇月革命は、労働者革命、農民革命、兵士の革命、民族革命などの複合であった。なかでも「プロレタリアの反乱」と「農民戦争」との合体、労働者革命と農民革命の提携なしには、その勝利は不可能であった。

噴出する農民決起に基づいて、一〇月革命は、「土地についての布告」を発しすべての地主的土地所有を廃止した。ところが、「土地についての布告」は、エスエルが作成した「土地についての農民要望書」を土地変革の指針として定めて、土地の私的所有権を廃絶すること、すべての土地を全人民の所有にしそこで働くすべての勤労者の用益に移すことを明示していて、エスエルの「土地社会化」綱領のひきうつしであった。ボリシェヴィキは、レーニンがかつてストルイピン時代にその破産を宣告したエスエルの「土地社会化」綱領を採用して、労働者・

兵士の革命と農民革命を結びつけ、左翼エスエルと連立して、革命を勝利に導くことができたのであった。

一九一七―一八年の農民的土地革命の原動力になったのは、農民の総割替運動であった。決定的に重要なのは、この農民革命が、「土地についての布告」や翌年一月の「土地社会化法」に表明されているように、ボリシェヴィキの土地綱領ではなくて、農民に圧倒的に支持されているエスエルないし左翼エスエルの「土地社会化」綱領にしたがい達成されたこと、そしてまた、自分の労働によって耕作する農民のあいだで均等に土地を配分し総割替利用する土地革命の結果、土地所有の著しい平準化とともに、古来の農民共同体オプシチーナの再生、強化がもたらされたことである。(44)

一九〇六年の社会民主労働党統一大会以来、土地の国家的所有化を主張してきたレーニンは、一九一七年二月革命直後の「四月テーゼ」において国内のすべての土地の国家的所有化を当面する任務として提起し、一〇月革命前に改正したボリシェヴィキ綱領に、基幹産業とあわせて土地の国家的所有化を正式に取り入れた。

ところで、そのボリシェヴィキ綱領改正案は、「国内のすべての土地の国民的所有化とは、すべての土地を国家の手に引き渡すことを意味する」(45)と規定して、「すべての土地を国家の手に引き渡すこと」、とりもなおさず国家的所有化を、「国民的所有化 национализация」と概念的に表現している。総じて、ソヴェト・マルクス主義にあっては、レーニンをはじめとして、プロレタリア的な国家化 огосударствление は国民化 национализация と同一視されていて、国家化の意味内容が国民化の語で言い表わされている。わが国でも、国家化と国民化が区別されずに、双方を二重うつしにした曖昧な国有化の語が用いられる習わしがあるが、国家（化）と国民（化）とが異なるのは言うまでもない。ここでは、ボリシェヴィキの土地綱領を、土地国有化ではなく、内容に即して土地国家的所有化の語で表現する。

トロツキーも、先に見たように、エスエルの「土地社会化」綱領を批判していた。一〇月革命は、農民＝土地問題に関しては、レーニンのみならず、トロツキーの見通しに反して実現されたのである。

こうした事実の確認のうえで、ここで立ち入って吟味すべき核心問題は、「権力に就いたプロレタリアートは、農民の前に、彼らを解放すべき階級として立ち現われるであろう」という、プロレタリアート独裁権力による農民の解放の展望にある。その農民解放の綱領的政策が、土地の国家的所有化であり、農業の集団化であった。

一〇月革命では都市の労働者、兵士の革命と農村の農民革命が結合し、この二つの革命をそれぞれに率いるボリシェヴィキと左翼エスエルがソヴェト政権で連立したのであったが、反面、そこには根本的な矛盾、対立が含まれていた。

土地の「国家化」対土地の「社会化」について検討しよう。前述のように、一九一七年の農民革命は、エスエルが一九〇五年革命時に採択して以来掲げてきた「土地社会化」綱領の実現として遂行された。一〇月革命後にエスエルから分離し創立された左翼エスエルの党綱領草案もまた、土地の私的所有の廃止、勤労農民の均等土地用益を再確認する。

ボリシェヴィキと左翼エスエルの対立は、一九一八年春に、食糧危機の深刻化を契機に顕在化した。益々激しくなる食糧危機の解決を迫られて、ボリシェヴィキ政権は、農村からの穀物強制徴発にのりだし、五月に「食糧独裁令」を発した。更に六月、農村ソヴェトに代えて貧農委員会を組織化し、夏頃には武装食糧徴発隊を急増させて、食糧徴発政策を強行した。農民革命を牽引してきた左翼エスエルは、各地で抵抗し反乱を起す農民を擁護して、食糧強制徴発に厳しく対決した。これより先、ドイツ軍の進攻に直面してのブレスト＝リトフスク講和条約の批准に抗議して、左翼エスエルはソヴェト政府から脱退しソヴェト内反対派として野に下っていたが、食糧徴発問題で両党間の対立は決定的になった。そして七月、農民政策の転換とドイツとの国交断絶を要求して、左翼エスエルは武装蜂起した。他面での帝国主義諸国の武力干渉、それに呼応した国内反革命勢力の決起があいまって、ここにソヴェト・ロシアは、重大な危地に立たされてゆく。

食糧強制徴発をめぐって、ボリシェヴィキと左翼エスエルの対立が激化し、両党の提携が極めて短命に終り、ボリシェヴィキ一党独裁に向かうなかで、土地の「社会化」は「国家化」へと取り替えられる過程を辿る。一九一八年一月の「勤労被搾取人民の権利宣言」は、同じ第三回全ロシア労兵農ソヴェト大会で採択された、前出の「土地社会化法」と基本的に同じ趣旨で、

「土地の社会化の実現によって、土地の私有を廃止し、すべての土地フォンドを全人民の財産とし、これを平等な土地利用の原理にもとづいて無償で勤労者に与える」[46]と謳っていた。ところが、その一年後、一九一九年二月の「社会主義的土地整理および社会主義農業への移行措置について」という全ロシア・ソヴェト中央執行委員会の決定は、「すべての土地は、それが誰の利用のもとにあるかを問わず、単一に国家フォンドとみなされる」[47]と規定するにいたるのである。以降、土地問題についても、名実ともに、ボリシェヴィキの国家化路線が確定し、不動の前提とされることになる。

ボリシェヴィキは、一九一七―一八年に農民革命と提携し農民の支持を得るべく一時的に「土地社会化」綱領を借用したのであったが、ボリシェヴィキ権力と農村共同体、都市労働者と勤労農民の対立の尖鋭化のなかで、一九年にはそれを捨て去り、土地の国家化政策に再転換したのである。

この間、レーニンは、土地の社会化とは現実には土地の国家化であると主張して、土地の社会化は国家化ではないとするナロードニキの見解を批判する。トロツキーも、勿論、土地の国家化路線を当然のものとする。彼は、全般に、生産手段の国家的所有化を強調することでは、人後に落ちなかった。「土地の社会化という概念は、最初のうちは不可避的にナロードニキ的なけばけばしい金メッキで覆われていたが、そのメッキは不可避的にはがれていった。しかし同時に、国有化は……原則的な社会主義的措置として、農業のさらなる発展に最重要の役割を果しうるほどの意義を持つことが十二分に示された」[48] と、こちらの方は数年後に顧みて述べている。

土地所有が帰属するのは国家か、それとも全人民かという相違は、国家と農民の関係の有り方についての政策的対立として具体化する。食糧徴発政策の強権発動に示されるように、ボリシェヴィキは、農村、農民の経済生活への国家の権力的介入を推し進める。左翼エスエルは、そうした介入を否認し、農民の自律的な運動を擁護しそれに与する。相関して、ボリシェヴィキは、「食糧独裁令」によって、更には貧農委員会を新設して、食糧行政を中央集権化し、中央集権主義を強化する。それにたいして、「社会組織の唯一の健全な形態」としての「幅広い地方分権化」[49] を追求する左翼エスエルは、農村ソヴェトが地方行政の権限を担掌すべきとする。土地が国家的所有であれば、国家は農民から差額地代を取り立てることができるが、全人民的所有であれば、農民は国家に地租を支払うことを拒否しうる。食糧強制徴発やそのための貧農委員会の結成の是非に関しての両党間の対立の基礎には、このような農民の解放をめぐっての基本路線の相違が横たわっている。

ここで、思想的、理論的に成熟したマルクスは、プロレタリア革命後の過渡的方策として、生産手段の国家（的所有）化をまったく示していないし、土地については「国民（的所有）化」を説いたことを知るべきである。但し、この土地の「国民化」を、ボリシェヴィキ流の「国家化」と混同してはならない。あわせて、ディガーズやレヴェラーズ、バブーフ主義、後期チャーティズムなど、民衆運動の最前線で、土地は、本来、人類の共同財産であるという思想が唱道され育まれてきたことを想起すべきである。そうした土地思想の伝統のなかに位置して、マルクスは「国民化」を過渡的な土地所有の形態としたのだった。(50)

土地の国家(的所有)化路線は、社会主義建設でのボリシェヴィキの国家主導主義の強烈さの端的な表現であった。とりわけ土地については、国家的所有化はトロツキーが言うような「原則的な社会主義的措置」ではありえず、国家主義的な逸脱なのである。逆に、「土地は誰のものでもなく、その用益権は労働にのみ与えられる」(51)とするエスエルの思想こそ、少なくとも思想上の正統性と正当性を有していると言うべきであろう。

いま一つの農民解放の政策である農業の集団化については、「土地社会化法」第一一条のなかで「社会主義経済への移行を目的として」「集団的農耕経営を発展させること」(52)が規定され、一九一八年一二月の第一回全ロシア土地部・貧農委員会・コミューン大会で「農業の集団化」が決議される。だが、左翼エスエルも「土地の集団的耕作」(53)を原則にしていたし、そのうえ当時において集団農場は取るに足らない存在であったから、争点にはならなかった。

トロツキーは、土地の国家的所有化と農業の集団化を綱領的政策として、プロレタリアート独裁権力による農民の解放を展望した。しかしながら、一〇月革命後の土地の「社会化」の「国家化」への取り替えは、農民革命の国家主義的包絡、農民運動の自律性の国家集権主義による抑えこみを意味し、ソヴェト権力は農民にたいして解放者から転じて抑圧者としての性格を強めたのであった。

農民革命のチャンピオンたるエスエル、左翼エスエルにたいするトロツキーの批判も極端であった。

『ロシア革命史』のトロツキーによれば、「土地の社会化」というエスエルの綱領には「社会主義は爪のかけらほどもなかった」[54]。かかる批判は、とりわけ左翼エスエルについて、独断的にすぎる。左翼エスエルは、綱領草案で、「勤労被搾取住民のあらゆる階層（工業プロレタリアート、勤労農民、革命的—社会主義的インテリゲンチャ）」を主体とし、「労働、所有、経済の社会化」を基柱とし、「勤労人民の独裁」を政治的方策とする「革命的社会主義」を掲げた[55]。その社会主義は、ロシア的特質に徹底して農民共同体を通して社会主義へ進むという、ナロードニキの農民社会主義、共同体社会主義に連なっており、晩年のマルクス、エンゲルスによる『共産主義派宣言』ロシア語第二版序文」でのロシア革命の展望ともかよいあっている。しかし、工業化の理論を欠き、国際的、世界史的視野のなかでのロシアの革命の位置付けも欠いていて、革命路線は自閉的であり、農民共同体を拠点とする社会主義への過程的論理は定かでない。それでも、まさにロシア的な社会主義の有力な一潮流であることは、否定できまい。

農民が圧倒的多数を占めるにとどまらず、均等な土地の再配分、総割替利用に基づく伝統的な農民共同体と農民自治を復活させた農民革命が労働者革命と複合して遂行された後進国において、社会主義へ向かっての建設はいったいどのように進められうるだろうか。都市と農村、工業と農業の不均衡な発展の解決は、大難題である。農業については、最も後進的な形態での停滞の克服を急がなければならないが、達成された農民革命は、農業生産としては旧来どおりの三圃農業にとどまり、農業生産方法を近代的に変革する農業革命と対立し、それの妨げとなろう。農民革命と農業革命の食い違いの解決もまた、難題である。

オプシチーナの強固で広範な復活は、ロシア革命の特異性を凝縮していた。晩年のマルクスは、一定の条件付きでロシアの村落共同体は共産主義的な発展の出発点になりうるだろうと述べたことがあった。マルクスの見解は、はたして正しいのだろうか。この問題については、後節で言及しよう。

トロツキーは、一九一七―一八年の農民革命のプロレタリア革命との異質性、それとの衝突を、誰にもまして強く認識していた。プロレタリア革命と農民革命の複合は、プロレタリア革命の永続的発展と撞着する。両革命の対立的性格の解決をどのように進めるか。農村の現状、農民の実態、土地=農業問題の変革の至難性などからすると、長期にわたっての漸進的な解決しかありえず、短期的な急進的な解決は不可能であるにちがいない。だが、トロツキーが採ったのは後者の道である。

永続革命論の革命の永続性は、革命による権力掌握のみならず、それに続く建設の連続的な推進を意味している。しかし、とりわけ農民問題、土地=農業問題からすると、後進国ロシアでの革命は永続的には進展しえないのである。これらの問題を解決してゆくには、トロツキーが永続革命論で設定したそれとは別の枠組が必要である。

五　西欧革命との離間

永続革命論の最後の特徴は、その国際的側面にある。後進国ロシアで先進国に先駆けて勝利したプロレタリア革命にとって、西ヨーロッパ先進諸国のプロレタリア革命との結合は死活問題である。永続革命の前途は、ヨーロッパ革命との結びつきいかんにかかっている。

プロレタリア革命は一国で開始され勝利することがあっても、一国で社会主義社会の建設を達成することは不可能である。近代資本主義が世界史的に達成する生産諸力の高度な発達、民主主義の普及、各国のプロレタリア運動の国際的連帯などを前提的諸条件にして、社会主義社会は世界的な規模でしか存在しえないからである。国内的にはプロレタリア革命の諸条件が熟していないが、世界的な資本主義体制の内部矛盾を凝結する弱い環に位置することで先進国に先駆けて革命を実現した後進国にとっては、先進国革命との結びつきは、なおさら絶対的な要件になる。「圧倒的多数を農民人口が占める後進国では、労働者政府のおかれた状況が直面する矛盾は、国際的規模でのみ、プロレタリアート世界革命の舞台でのみ、その解決の途を見出すことができるであろう[56]」。「ロシアの労働者階級は、自らの政治的支配の運命を、従ってまたロシア革命全体の運命を、ヨーロッパにおける社会主義革命の運命と結びつける以外に手はないであろう(57)」。

かかる世界革命と国際主義の根本原則に立脚していることにおいて、トロツキー永続革命論のスターリン一国社会主義論に対する正当性は明らかである。現実に、伝来の後進性に革命の過程での内戦・干渉戦による荒廃が重なり、存亡の危機にさらされたソヴェト・ロシアにとって、西ヨーロッパ諸国への革命の波及、そして西方のプロレタリアートからの援助は、緊切きわまりない要請となった。

西ヨーロッパでの革命が間近いというのは、トロツキーの終始一貫した、強固な希望的信念であった。そうした見通しとして、永続革命論の国際的側面は描かれている。ところが、合流を想定している先進諸国の革命が継起せず、ロシアでの革命と建設が孤立を余儀なくされる場合、どうなるのか。この点について、トロツキーの考慮はまったく乏しかった。

「総括と展望」では、極めて近い将来にヨーロッパに社会主義革命が起こると観測されていた。その後第一次世界大戦が勃発すると、レーニンが『帝国主義論』を著して、帝国主義現代を「資本主義の最高の段階」、「死滅しつつある資本主義」、「社会革命の前夜」と規定し、ロシアをも含む帝国主義諸国でのプロレタリア社会主義革命の時代の到来を予測した。このレーニンの著作は、ロシアと西ヨーロッパ諸国での革命の連続的生起というトロツキーが立てていた展望を理論的に補強した。トロツキーの永続革命論は、こうした資本主義の歴史的終末という認識とヨーロッパ革命が間近いという予想を立論の前提にしていた。
西ヨーロッパでの革命はロシアでとは違って困難でありすぐには起こりそうにない、というのであれば、永続革命論の国際面は撤回されなければならなくなる。それにとどまらない。ブルジョア民主主義革命のプロレタリア社会主義革命への直接的発展転化は、後進国での革命の先進諸国での革命との連続的な接合を条件として予定しているのだから、国際面が失われるなら国内面の組み直しも避けられなくなる。あるいはまた、先進諸国では資本主義が危機的状況に陥りながらもなお発展力を潜在させていている、というのであれば、永続革命論の有力な前提が崩れさることになる。

さて、一〇月革命以後のレーニン、トロツキーは、西ヨーロッパ革命が起こるまでソヴェト・ロシアを世界革命の砦としてどのようにして持ちこたえるかを、懸命に追求するとともに、西ヨーロッパ革命、なかでも最も有望と考えられているドイツ革命の実現を熱望した。そして、革命を西ヨーロッパに波及させるべく、一九一九年三月、コミンテルンを創設した。

ところが、その際、彼らは、ロシア革命とソヴェト体制をコミンテルンによる世界革命運動のモデルに定めた。

ドイツ革命についても、コミンテルンはロシアの経験を手本にして追求した。ドイツでは、敗戦による一九一八年一一月革命直後のスパルタクス蜂起を皮切りに、プロレタリア革命の波が幾度か高まったのであったが、その掉尾をなす一九二三年秋の革命運動の失敗について、トロツキー自身、ロシア一〇月革命を基準に、「革命的情勢を生かしそこねた古典的実例」[58]として総括する。爾来、ドイツなどでロシアに続く革命が成功しない理由を、一〇月革命と対質して、革命的政党の指導の誤りや弱さに求めることが、トロツキーにおいて通例化する。

しかしながら、もっと根本的な問題として、ソヴェト・ロシアの体制は、レーニンやトロツキーの確信に反して、西方のプロレタリアートの大多数にとって魅力に乏しかった。特に政治面で、出版の自由の抑圧、憲法制定議会の強制解散、そして内戦、干渉戦の苛烈な状況を迎えての一党独裁など、ソヴェト国家は否定的な諸様相をも赤裸々に示していた。カウツキーをはじめ、社会民主主義者達は厳しい批判を浴びせかけ、ボリシェヴィキとの間に激しい論戦が闘わされたが、民主主義的な経験を多かれ少なかれ積んでいる西ヨーロッパのプロレタリア大衆にとって、一九一八年一二月のドイツの労兵レーテ全国会議が示したように、ソヴェト・ロシア型の体制は積極的に選好しないところであった。

晩年のレーニンは、ロシアとは異なり西ヨーロッパでは革命が予期したようには起きないのは何故かについて考えをめぐらせ、従前から指摘してきたブルジョアジーの強大さや労働組合運動での労働貴族の強固な支配に加えて、新たにブルジョア民主主義の伝統の定着を、その理由として挙げる。[59]ボリシェヴィキは、カデットなどのロシア流の矮小なブルジョア自由主義や民主主義ではなく、欧米のブルジョア民主主義を凌駕しなければ、世界的な規模での革命運動を推し進めることはできないのである。しかるに、第二節でも論及したように、総じて、レーニンなどボリシェヴィキが旗印にしたプロレタリアート独裁＝民主主義は、ウイルソンなど欧米帝国主義のリーダー達が立脚したブルジョア民主主義、自由民主主義に及ばず、かえって後退した点が多かったのである。

レーニンが晩年になって気付いたように、西ヨーロッパ諸国とロシアの間には、プロレタリア革命のありようについても型的相違が存在した。だが、コミンテルンでは、西ヨーロッパ革命の固有の性格に関する考慮は極めて薄弱であった。ロシア的特異性をも世界的普遍性と誤認して、「世界共産党」、「世界ソヴェト連邦」のコミンテルン型世界革命路線を定めたとき、西ヨーロッパ革命の離反は決定的になった、と言ってよいだろう。

ロシア革命とソヴェト体制のモデル化は、西ヨーロッパ諸国の革命にマイナス要因として作用した。ところが、トロツキーは言う。「ロシアにおけるプロレタリアート独裁は、西欧における革命への懸け橋であった[60]」、と。やがて、合同反対派政綱では、「ソ連はすべての労働者の祖国[61]」と謳う。符節を合わせて、トロツキーは、西ヨーロッパでのコミンテルン型革命運動の失敗について、その創設者たちの責任を自省的に捉え返すことなく、社会民主主義政党の裏切りに転嫁したりスターリン（主義者）の罪に帰したりしてゆくことになる。

第一次大戦後の資本主義世界では、アメリカ合衆国が最大の強国としての地位に登る。トロツキーは、非凡な歴史感覚を発揮して、いま躍進しつつあるアメリカニズムに逸早く注目し、アメリカニズムとボリシェヴィズムを当代の二つの基本的な対立勢力として捉える。ボリシェヴィズムは、アメリカニズムからその優越した生産技術を学び吸収しなければならない。そうすれば、「アメリカ化されたボリシェヴィズムは、帝国主義的アメリカニズムを敗北させ、粉砕するであろう」(62)。こう彼は主張する。しかしながら、「アメリカ化されたボリシェヴィズム」は、もはやボリシェヴィズムではなくなるだろう。もしくは、ボリシェヴィズムはボリシェヴィズムでなくならなければ、アメリカ化されないだろう。

一九一七年ロシア革命の勝利が惹き起こした国際的な牽引、他方での反発は巨大であった。永続革命論を唱えるトロツキーは、後進国ロシアでの革命の達成がもたらす反響について、ヨーロッパの労働者階級の革命化を促し、その支援を得るにちがいないと信じきっていた。ロシアでの革命が先進諸国にも革命的激動を呼び起こすだろうという展望は、相当の程度そのとおりであった。だが、彼は、西ヨーロッパ革命との合流を見込んで強行的に樹立されたプロレタリアート独裁体制が、否定的な諸様相を免れることはできず、西ヨーロッパへの革命の波及に逆効果をもたらすことがあることは、まったく考えに入れなかった。

更に、国際面で西ヨーロッパ革命との結びつきを得られない場合、国内面では止むを得ざる強行突破が甚だしくなり、制度的弊害が増幅される。対内面での制度的歪みと対外面での一国的な孤立とが、悪循環する。かかる事態に陥ることがあることを、トロツキーは夢にも思わなかった。

西ヨーロッパ革命と結びつくまでの「一時的支配」と想定されたロシアの革命権力が、その欠陥面のために、見込みとは逆に、西ヨーロッパにおける革命にマイナスの反響を及ぼすことがある。こうした問題に考察が及ばないのも、永続革命論の難点の一つである。

六　「複合的発展の法則」と永続革命

ロシアは、後進国としての「歴史的立ちおくれの特権」により、「一連の中間的段階をとびこえ」て、先進諸国の達成を取り入れ、世界最新の諸要素と自国の旧来の諸要素を独特に結合する。トロツキーは『ロシア革命史』において、かかるロシアの歴史的発展の特殊性を「複合的発展の法則」として定式化し、この法則を「ロシア革命の根本的な謎を解く鍵」[63]と呼んでいる。「複合的発展」とは、歴史の不均等発展により、後進国では外部的環境の圧力のもとで歴史的過程の飛躍や収縮を余儀なくされ、発展の異なった段階の複雑で特殊な合成をもたらすことを意味する。永続革命論は、「複合的発展の法則」により基礎づけられている。「複合的発展の法則」と同じような理論的見解は、後に触れるように、マルクス、エンゲルスによっても表明されていた。トロツキーは、先行の議論を踏まえるとともに、他方では歴史の不均等発展の法則と関連づけて、後進国ロシアの歴史的発展の特殊性を表現する明快な理論化をおこなった。彼の創造的な業績の一つである。

前節まで、永続革命論に所在する諸難点に踏み込んで検討を進めてきた。この節でも、「複合的発展の法則」と永続革命論をめぐって、考察を深めよう。

「複合的発展の法則」による永続革命論の基礎づけには、盲点がある。

まず、複合的発展といっても、工業化と民主化とでは違いがある。晩年のマルクスは、ロシアの歴史的発展の特殊性に関し、鉄道体系を実例にして、資本主義の発達がまだ限られている後進国において、先進国が達した資本主義的成果が短期間のうちに導入され、主要にはなお資本主義的である社会に接木されることを、すでに明らかにしている。爾来、近・現代史の発展の複合性に関する論議で取り扱われてきたのは、経済面での、工業化についてである。それに限定されてきたと言ってさえよい。

トロツキーも、「複合的発展の法則が最も強力に現われるのは、経済の領域である」(64)と述べて、その有様を描いている。それによると、おくれて興ったロシアの工業は、高度の集中化、外国資本の受け入れ、国家のイニシアティヴによる鉄道建設などにより、西ヨーロッパでは幾時代にもわたった手工業やマニュファクチュアの段階をとびこえて機械制大工業に移行し、先進諸国の最新の業績を自国の後進的諸条件に適応させて、帝国主義的発展のなかにはいりこんだ。

しかし、同じロシアの経済の領域であっても、ヨーロッパ第一の集中化をおこなった工業が急激に発達したのにたいし、ヨーロッパで最も立ちおくれた農業はまったく緩慢にしか発展しなかった。この事実が示すように、世界最新の技術、設備の移植が比較的容易な工業と違って、社会諸関係において旧来の伝統が鞏固に根を張っており、また自然的諸条件の比重が大きい農業にあっては、複合的発展による問題解決の道は見いだしがたい。

政治の領域での民主化についても、三、四世紀間にも及ぶツアーリズムのもとでの自由、民主主義の厳酷な抑圧が政治生活の伝統的秩序となってきたなかで、西ヨーロッパでの民主主義の優れた諸達成を導入するのは、困難を極めざるをえない。西ヨーロッパとの歴史的発展の巨大な落差が存在するだけではない。民主化はなによりもその担い手となる大衆自身の思想的、運動的体験にかかるのであって、主体的条件を欠いているところに西ヨーロッパの民主主義的機構を客体的に移植するのは不可能だからである。

次に、複合的発展であっても、資本主義化の場合とは、社会主義化の場合は違っていよう。トロツキー自身も「資本主義は人類発展の普遍性と恒久性を準備し、ある意味ではそれを実現する」(65)ことを熟知しているように、社会主義化は資本主義時代に築きあげられる世界史的到達成果に基づいて、世界的規模でのみ可能になるという普遍的な性格を有している。それゆえ、近代資本主義時代までは、社会史は、原始時代、古代、中世など、世界史の発展諸段階として概括的に区分される一方、それぞれの国、民族の歴史的発展は、一様で単系的ではなく、多様で多系的であり、そこには大小の発展段階のとびこえや収縮、滞留が多々存在してきたとしても、社会主義社会への発展にあたっては、資本主義をとびこえることは、世界史的にのみならず、各国史的にもできないだろう。つまり、社会主義への非資本主義的発展は不可能だと考えられる。例外的に、資本主義の段階を経過せずに社会主義社会へ直接に移行する可能性を有するのは、歴史の大勢として世界の中枢部である先進資本主義諸国で革命が達成され社会主義建設が成功的に進められており、そこからの様々な援助を得ることができる周縁部の後進的な国に限られよう。

肝要なのは、次のことである。各国史の多様で多系的な展開のなかで、資本主義的発展を十分にとげないままに先進国に先駆けてプロレタリア革命を実現した後進国は、資本主義が世界史的に準備する、だが、自国には欠けている「人類発展の普遍性と恒久性」を社会主義への過渡期建設において造出しなければならず、そのための特別の任務をはたさなければならない。後進国の過渡期建設にあっては、この段階で資本主義時代に遂行しえなかった課題をも解決しなければならないという、歴史的発展の複合性が明瞭な姿で現われる。

後進国が資本主義時代の有為転変にさらされることなく、その歴史的成果をわがものとすることができるためには、社会主義への過渡期建設において、その一環として資本主義時代の歴史的課題を解決するという、矛盾した複合的任務を遂行する辛苦を払わざるをえない。ソヴェト・ロシアでは、その苦難はとりわけ農業問題と民主主義問題で尖鋭な形で現出し、それらの解決のための取り組みに失敗した。そして、社会主義への過渡期建設は、結局、破綻に帰していった。

ところで、コミンテルン第二回大会において、レーニンは、ソヴェト・ロシアの歴史的経験を教訓化する形で、ロシアより更に後進的な国の革命路線として、資本主義的発展段階のとびこえによる社会主義への移行を提示する。「共産主義インターナショナルは、先進国のプロレタリアートの援助をえて、後進国はソヴェト制度へ移り、資本主義的発展段階をとびこえて、一定の発展段階を経て共産主義へ移ることができるという命題を確立し、理論的に基礎づけなければならない(66)」。ロシア革命の勝利によりその卓抜性が実証された永続革命論は、レーニン時代のコミンテルンにおいて、暗黙裡に、後進国の革命路線の規準として用いられ、ロシアよりも一段とおくれた国にも適用されたのである。トロツキーもまた、述べる。「今日われわれは、中国のみならずインドもまた、プロレタリアートの独裁によってのみ、真の民衆的民主主義を達成するであろうと、十分な確信をもって主張することができる(67)」。

しかし、ロシア革命とソヴェト建設を実践的な根拠とする、後進国の非資本主義的発展のテーゼは、これまで永続革命論について検討して明らかにしてきた諸難点を、一層深刻な問題として共有している。

顧みると、晩年のマルクス、エンゲルスも、ロシアにおける社会主義への道の独自性をめぐって考察し、資本主義とびこえの可能性について論じていた。良く知られているように、ナロードニキから、またナロードニキと対立するロシアのマルクス主義者から、資本主義的発展の道に入りつつあるロシアは、その道を進むべきか、それとも存続している農民共同体を基礎に社会主義への道を進むべきか、また、すべての国々が資本主義的生産のあらゆる段階を経過することが歴史的に必然的であるかを問われて、マルクスはザスーリチ宛の手紙で、「共同体はロシアにおける社会的再生の拠点である」(68)と回答し、マルクス、エンゲルスは『『共産主義派宣言』ロシア語第二版序文」では、「もし、ロシア革命が西欧のプロレタリア革命にたいする合図となって、両者が相互に補いあうなら、現在のロシアの土地共有制は共産主義的発展の出発点となることができる」(69)と予想したのであった。

この「『共産主義派宣言』ロシア語第二版序文」の見通しについて、トロツキーは「完全に正しかった」(70)と述べている。彼は、マルクス、エンゲルスの上記の発言を永続革命論や複合的発展論の有力な拠り所にしているのである。

マルクス、エンゲルスのロシア革命論に関して、わが国では一九六〇年代半ばから一九七〇年代半ばにかけ、数多くの論考が論争を交えて発表され関心を集めた。ここでは、マルクス、エンゲルスによる論説の事情、所論の遷移、両人の間の見解の微妙な相違などには立ち入らずに、本稿のテーマにかかわるかぎりで、ロシアでの資本主義とびこえによる社会主義的発展の可能性を示唆したマルクス、エンゲルスの所見について若干の評註を記そう。

マルクス、エンゲルスは、深い共感を抱いているナロードニキの提起を受けとめ、ロシアの歴史的発展の独自性について研究を重ね思索を凝らした。そして、ロシアが進むべきは資本主義化の道か、それとも農民共同体を基礎とする道かについて、ロシア革命と西欧革命が「相互に補いあう」という国際的条件を付してナロードニキの主張を肯定し、共同体的土地所有制がロシア新生の出発点になりうることを認めた。この問題関心と歴史認識の基本的な鋭さは、巨視的に、一九一七―一八年の農民革命の勝利、農民共同体の復活、強化という事実によって裏打ちされたと言えよう。

その点を押さえたうえで、最も肝心な問題として求められるのは、農民共同体の広範な現存という現実に基づいて、ロシアの新生、社会主義への発展を可能にするためには、国内ではどのような方途をとるべきかを明らかにすることである。ロシア新生の起点にして基点とされる農民共同体の社会主義的改造は、どのようにして可能となるのだろうか。これについては、マルクス、エンゲルスには、当然のことながら、ヴィジョンはなかった。

ロシアにおいては、良くも悪くも、国民の圧倒的多数を占める農民や強固な伝統をもつ農民共同体の扱いいかんを抜きにして、将来を展望することはできない。これは、まったくそのとおりである。しかしながら、たとえ西ヨーロッパのプロレタリア革命との結びつきあいが得られたとしても、共同体が「社会的再生の拠点」になり、土地共有制が「共産主義的発展の出発点」になりうるには、立ちはだかっている巨大な諸困難が解決されなければならない。

土地問題に関して、農民共同体の土地所有が仮にマルクス、エンゲルスの言うように共有だとしても、前近代の共同体的土地所有は、どのような変革過程をつうじて現代の共産主義的な土地所有に転化するのだろうか。不明である。この点で、特にエンゲルスは、代表的に『家族、私有財産および国家の起源』で、原始共同体を「原始共産主義」と規定し、「原始共産主義」の高次復活として、未来の共産主義社会を展望した。その論法は、現に存在する資本主義社会の内部に胚胎している新しい社会の諸要素の解放としてではなく、過去の原始共同体を観念的に美化して描きそれを基準にした否定の否定の論理操作によって、共産主義社会を構想しており、現実的な根拠を欠いた空想性を免れなかった。[71] 同種の発想が、農民共同体の土地共有制の評価をめぐっても窺われる。

農業問題に関して、農民共同体は、小農経営と中世的な農耕技術によっており、農業生産力は極めて低い。この現状から、土地の共同耕作、大規模な農業経営、最新の科学と技術の利用へと進み、資本主義的農業を上回る社会主義的農業に移るには、どのような道をとるのか。共同体に拠った農民革命は、そうした農業革命をかえって困難にするだろう。農業の経営と技術の改良、農業生産力の増進を積み重ねる、幾度かの農業革命が必要であるに違いないが、これは、どのようにして可能になるのだろうか。

いま一つ、農民共同体は、内部では個人の自由、自立が欠けるとともに、外部との関係では孤立的な「局地的小宇宙性[72]」をなしており、「東洋的専制政治の自然発生的基礎[73]」となってきた。この共同体を基盤にするのであれば、やはり前近代的な、いわゆるアジア的な「共産主義」になるのではないか。そうならないためには、農民の個人的主体性、自由、民主主義や国民的、国際的連帯などを、どのように創出するのか。更には、農民共同体とは原理的に異質な「自由な個人性」[74]を核にして新しい共同性を形成するアソシエーション（協同社会）としての共産主義社会への発展を、どう進めるのか。

これらの問題は、いずれもマルクス・エンゲルスの予見をこえた大難題であり、ソヴェト・ロシアはそれらの難問に直面して苦闘し、ついに適切な解決の方途を定めることができなかったのである。

以上とはまったく別の見地から批判すると、マルクス、エンゲルスは、ロシアの農民共同体と共同体的土地所有の歴史的性格について誤認している。[75]彼らは、当時の歴史学研究の水準に従い、今日では研究者の多くがアジア的共同体としている農民共同体とその共同体的土地所有について、実態から離れた原始共同体、原始共同体的土地共有の一つの存続形態として把握した。そうした史実の誤認のうえに、先に指摘した「原始共産主義」の高次復活の論理が重ねられている。共同体が「社会的再生の拠点」になり、その土地共有制が「共産主義的発展の出発点」になるという彼らの所見は、史実の誤認と論理的欠陥のうえに組み立てられていることになる。

一八八〇年代初めのマルクス、エンゲルスの、農民共同体に秘められている将来的可能性、ロシアでの資本主義とびこえによる社会主義への発展の可能性についての展望は、彼らの歴史感覚の非凡さを示しているが、客観的に確かな論拠に基づくのではないのである。むしろ、彼らの研究と思索の歴史的な制約性と限界を如実に語っているものとして、受けとめるべきであ

ろう。(76)

ロシアは、資本主義世界システムのなかでの後進国として、資本主義的発展の段階をとびこえたり圧縮したりして、複合的発展をとげた。そして、世界資本主義の矛盾の結節環に位置するという世界史的環境のなかで、西欧の先進諸国に先んじて労働者、農民の革命を遂行し、社会主義を目指した建設を開始した。社会主義に向かって歩を進めるためには、国内での労働者と農民の両階級間の同盟が必須的条件であるとともに、国際的に西ヨーロッパでの革命と建設との連動が絶対的な必要条件であった。

ただ、首尾よく西ヨーロッパ諸国でのプロレタリア革命と社会主義建設との一体的結びつきが得られたとしても、ロシアでの過渡期建設は極めて長期間に及ばざるをえない。ロシア自体では甚だ乏しかった社会主義社会建設のための要件を、過渡期において遡及的に創出し整えなければならないという、特別の課題を抱えているからである。社会主義への過渡期建設は、困難に満ち、漸進的に、徐々におこなわれるほかない。

後進国ロシアでは容易に革命をおこなうことができたが、しかし、革命後の建設は物凄い困難に満ちており、慎重さ、粘り強さが欠かせない。西ヨーロッパでは革命を始めるのははるかに困難であるが、それ以後の前進ははるかに容易であろう。ロシア革命と西ヨーロッパ革命を対質して、こう説いたのは、一九一八年のレーニンである。彼の想定では、ロシアは、後進性のおかげで世界で最初に革命を実現し世界革命の先頭に立つことになったが、全ヨーロッパ的な規模でのみ可能とされてゆく社会主義への移行のなかでは、再びまたおくれた国になるのだった。この点は、『永続革命論』のトロツキーも追認するところである。「ある条件のもとでは、後進諸国は先進諸国よりも早く、プロレタリアート独裁に到達することができるが、後者よりも遅く社会主義に到達する」(77)。

歴史的発展の複合性は、飛躍と停滞、急進と漸進の空間的・時間的、地域的・過程的な組成である。複合的発展によって一九一七年の革命において飛躍あるいは急進したロシアは、同一の事情によって、革命後の建設においてはあるいは停滞あるいは漸進に転じることを余儀なくされる。

複合的発展の法則を踏まえるならば、時機尚早の革命が見舞われる悲運(78)を予測しそれを回避するべく、条件が乏しいなかでの権力掌握には特に用意周到な対処が必要になる。チャンスを掴んで権力奪取に突進して革命権力により自らの社会主義的変革のコースを強制する一直線型ではなく、自らの革命プランを規制する思慮分別をもち前進と後退を織り交ぜて革命と建設の諸条件を整えてゆく螺旋型の運動によって、急進と漸進のバランスをとることが求められるだろう。

かくして、複合的発展の法則は、永続革命論を基礎づける反面、永続革命論の見直しを要請する。永続革命論を打ちだした若きトロツキーは、レーニンの労農民主独裁論を「プロレタリアートの政治的自制(79)」論として批判したのであった。しかし、自制は自省と同じように、プロレタリア革命の内在的な本質的契機である。なかんずく後進国ロシアでのプロレタリア革命が逢着する多くの難関を推測するならば、絶対的に欠かすことのできない契機である。レーニンの労農民主独裁論、それにパルヴスの労働者民主主義論等との、これまでとは違った観点からの対比が新たな課題になる。

［註］

（1）さしあたり、E・H・カー『ボリシェヴィキ革命』第一巻（原著一九五〇年、原田三郎・田中菊次・服部文男訳、みすず書房、一九六七年）第一篇の「三　ボリシェヴィキとメンシェヴィキ」、「三　一九〇五年とその後」を参照のこと。

（2）田中真晴『ロシア経済思想史の研究』（ミネルヴァ書房、九六七年）第二章の「二　非連続二段階革命の構図」を参照。

（3）研究論文として、田中良明「パルヴスの労働者民主主義論」、大阪市立大学経済研究会『経済学雑誌』第六六巻一号（一九七二年）。西川伸一「第一次ロシア革命におけるパルヴス、トロツキー、レーニン」、『明治大学大学院紀要』二四集（三）（一九八七年）。

（4）トロツキー『永続革命論』、『トロツキー選集　5　永続革命論』（姫岡玲二訳、現代思潮社）、一七〇頁。

（5）同右、二〇四頁。

（6）同右、三二一頁。

（7）同右、一六九頁。

（8）トロツキー「総括と展望」、『第二期トロツキー選集　3　わが第一革命』（原暉之訳、現代思潮社）、三六三頁。
（9）『永続革命論』、二三七頁。
（10）同右、二〇四頁。
（11）トロツキー『ロシア革命史』（山西英一訳、角川文庫）、第一分冊、「一　ロシア的発展の特殊性」
（12）「いまやプロレタリアートが政治権力を獲得したあと、ソヴェト共和国で実現される一層高度の型の民主主義のもとでは、ブルジョア議会制度やブルジョア民主主義へいささかでも後戻りすることは、搾取者、すなわち地主と資本家の利益を助けるものであって、無条件に反動的なことであろう」（レーニン「ロシア共産党（ボ）綱領草案」、第二九巻、九二頁）。
（13）『永続革命論』、二七一頁。
（14）トロツキー「『一九〇五年』ロシア語初版への序文」、『第二期トロツキー選集　2　一九〇五年』（原暉之訳、現代思潮社）、一六頁。
（15）『ロシア革命史』、第六分冊、二二七—二二八頁。
（16）トロツキー『裏切られた革命』（藤井一行訳、岩波文庫）、八二頁。
（17）「総括と展望」、三〇七—三〇八頁。
（18）レーニン『国家と革命』、第二五巻、四九九頁。
（19）拙著『国家と民主主義』、「第三篇　レーニンの民主主義論」を参照のこと。
（20）トロツキー「今日の共産党宣言」、『トロツキー著作集　6』（初瀬侃訳、柘植書房）、三四三頁。
（21）森下敏男『ソビエト憲法理論の研究』（創文社、一九八四年）、二〇三頁。「出版に関する布告」は、J・リード『世界をゆるがした十日間』（原光雄訳、岩波文庫）、上、三二六—三二七頁に付録として収載されている。また、同書、下、九八—一〇二頁では、一一月四日の全ロシア・ソヴェト中央執行委員会における激しい論戦の様子が伝えられている。

(22) トロツキー「ソヴィエト権力と『出版の自由』」、西島栄訳、トロツキー研究所『トロツキー研究』一九号、六〇—六一頁。

(23) マルクス以来のプロレタリアート独裁論の根本的な難点については、拙著『マルクス社会主義像の転換』、後篇の四の「(三) プロレタリアート独裁をめぐって」で明らかにしている。

(24) 『国家と民主主義』、第三篇第五章の「四　結びに代えて」を参看いただきたい。

(25) 稲子恒夫『ソビエト国家組織の歴史』(日本評論社、一九六四年) の資料として収録されている「ロシア共産党綱領 (抄)」より。

(26) トロツキー「カール・マルクス『フランスにおける内乱』への序文」、『第二期トロツキー選集 3 わが第一革命』、二六四頁。

(27) トロツキー「総括と展望」、三三三頁。

(28) 同右、三四七頁。

(29) 同右、三四八頁。

(30) トロツキー『社会主義へか資本主義へか』(西島栄訳、大村書店、一九九三年)、三一頁。文中の национализация は、概念としては国民 (的所有) 化として訳すべきであるが、内実は国家 (的所有) 化を指している。トロツキーも、「マルクス主義者が、当のマルクスにはじまって、労働者国家について国家的所有、国民的所有、社会主義的所有などの用語をたんなる同意語として用いてきた」(『裏切られた革命』、二九七頁) と認めているが、国家化を国民化と区別せずに二重のうつしにする特有な思想を表わす慣用語として、本書では национализация に国有化の語をあてる。

(31) トロツキー「工業についてのテーゼ」、同『社会主義と市場経済』(藤井一行・志田昇訳、大村書店、一九九二年)、二〇五頁。
(32) トロツキー『新路線』(藤井一行訳、柘植書房、一九八九年)、一二七頁。同様に、「国家経営経済、すなわち社会主義経済」(『社会主義へか資本主義へか』、一二七頁)とも述べている。
(33) トロツキー「ソヴェト・ロシアの新経済政策と世界革命の展望」、『社会主義と市場経済』、一二一頁。
(34) 『ロシア革命史』、第一分冊、一九二頁。
(35) 「カール・マルクス『フランスにおける内乱』序文」、二八二頁。
(36) 『マルクス社会主義像の転換』、「前篇　マルクスの過渡期社会像」を参照のこと。
(37) スターリンは、一九三〇年、「ソ連共産党第一六回大会にたいする中央委員会の政治報告」のなかで、「国家権力死滅のための条件を準備することを目的とする国家権力の最も高度な発展――これがマルクス主義的定式である」(『スターリン全集』、大月書店、第一二巻、三九一頁)と唱え、一九三三年の「第一次五中年計画の総結果」でも、「国家の死滅は、国家権力の弱化ということによってではなくて、……国家権力の最大限度の強化ということによって達せられるであろう」(『日本版・レーニン主義の諸問題』、真理社、一九五〇年、四九二頁)と説く。
(38) トロツキー『テロリズムと共産主義』、『トロツキー選集　12　テロリズムと共産主義』(根岸隆夫訳、現代思潮社)、一二五頁。
(39) 「総括と展望」、三二八頁。
(40) 『ロシア革命史』、第一分冊、七四頁。
(41) トロツキー「われわれの意見の相違」、『第二期トロツキー選集　3　わが第一革命』、四三四頁。
(42) 「総括と展望」、三二八頁。

(43)　同右、三六三頁。
(44)　保田孝一『ロシア革命とミール共同体』(御茶の水書房、一九七一年)、和田春樹『農民革命の世界』(東京大学出版会、一九七八年)の「二　ロシア革命における農民革命」を参考。
(45)　レーニン『党綱領改正資料』、第二四巻、四九〇頁。
(46)「勤労被搾取人民の権利宣言」、高木八尺・末延三次・宮沢俊義編『人権宣言集』(岩波文庫、一九五七年)、二七七頁。
(47)「社会主義的土地整理および社会主義農業への移行措置について」、大崎平八郎『ソヴェト農業政策史』(有斐閣、一九六〇年)の巻末に収載されている「農業関係重要法令集」、三二八頁。
(48)『社会主義へか資本主義へか』、三三頁。
(49)「左翼エス・エル党綱領草案」、加藤一郎編『ナロードの革命党史』(鹿砦社、一九七五年)、八四頁。
(50)『マルクス社会主義像の転換』、四七―五〇頁。
(51)「エス・エル党綱領」、『ナロードの革命党史』、九三頁。
(52)「土地社会化にかんする労働者・兵士・農民代表ソヴェト全ロシア中央執行委員会の布告」、大崎『ソヴェト農業政策史』、三二三頁。
(53)「左翼エス・エル党綱領草案」、九五頁。
(54)『ロシア革命史』、(二)、二四七頁。
(55)「左翼エス・エル党綱領草案」、七八―八五頁。
(56)「『一九〇五年』ロシア語版への序文」、一二頁。
(57)「総括と展望」、三七四頁。
(58)　トロツキー「『コミンテルン最初の五カ年』ロシア語版への序文」、『トロツキー選集　1　コミンテルン最初の五カ年　上』（高島健三訳、現代思潮社）、三頁。
(59) 拙著『現代の国家論』、六二一―六五頁を参照のこと。
(60) 『ロシア革命史』、第五分冊、一九六頁。
(61) トロツキー「ロシアの実情と共産党の任務（合同反対派政綱）」、『トロツキー選集　補巻3　ソヴィエト経済の諸問題』（桑原洋訳、現代思潮社）、一四三頁。
(62) トロツキー『ヨーロッパとアメリカ』（大屋史朗・西島栄・他訳、拓植書房、一九九二年）、六六頁。
(63) 『ロシア革命史』、第一分冊、七四頁。
(64) 同右、二三頁。
(65) 同右、一六頁。
(66) レーニン「共産主義インターナショナル第二回大会」、第三一巻、二三七頁。
(67) 『永続革命論』、二八七頁。
(68) マルクスのザスーリチへの手紙、第一九巻、二三九頁。
(69) マルクス＝エンゲルス「『共産主義派宣言』ロシア語第二版序文」、第一九巻、二八八頁。
(70) 「ソヴェト・ロシアの新経済政策と世界革命の展望」、二四頁。
(71) 杉原・降旗・大藪編『エンゲルスと現代』の拙稿「エンゲルス国家論の地平」の「四　国家に消滅の展望」を参照のこと。
(72) マルクス「ザスーリチの手紙への回答の下書き」、第一九巻、三九二頁。
(73) エンゲルス「ロシアの社会状態」、第一八巻、五五九頁。
(74) マルクス『経済学批判要綱』、『資本論草稿集』①、一三八頁。
(75) 小谷汪之『マルクスとアジア』（青木書店、一九七九年）、IIの「三　『農耕（農業）共同体』論」

を参照。

（76） 野上浩輔『ロシア革命の歴史構造』（三一書房、一九八三年）の第一章「3　ミールとマルクスの共同体論」ほかは、マルクス、エンゲルスのロシア革命論に批判を投げかけ、通俗論を覆えす鋭い論点を提示している。なお、レーニンは、一九一七年革命までは、農民共同体は農奴制の残存物であり農村にも及んできた資本主義の発展のなかで分解し解体しつつあると見做し、農民の総割替運動をブルジョア（民主主義）的変革として評価していた。エスエルの「土地社会化」綱領の受け入れに転換した一〇月革命後、農民革命により農村が平準化し農民が中農化したことを認めたが、しかし、農民共同体が復活し強化されたことについて黙して語らなかったし、社会主義への移行過程でこの共同体をどう扱うかについて触れることもまったくなかった。また、マルクス、エンゲルスがナロードニキ寄りの見地をとって共同体に共産主義的出発点の可能性を認めた問題について、終始、言及することもなかった。但し、ザスーリチへの手紙とその下書きが公表されたのは、レーニンが死去した一九二四年のことである。

（77）『永続革命論』、三一二頁。

（78） 良く知られているように、エンゲルスによると、「およそ極端党の指導者が遭遇することでこれ以上悪いもののありえないのは、自分の代表する階級が支配権を握りうるほどにも、またこの階級の支配に必要な方策を実行しうるほどにも、まだ運動が熟していない時期に、政権を握ることを余儀なくされる場合である。……彼のなしうることは、彼のこれまでの全行動と原則、および彼の党の直接の利害と矛盾する。ところが、彼のなすべきことは、実行できない。……こういう具合の悪い立場におちこんだものは救いようもなく滅びてしまう」（『ドイツ農民戦争』、第七巻、四〇九―四一〇頁）。

（79）「われわれの意見の相違」、四四〇頁。

第5章　トロツキーのソ連論の意義と限界

――『裏切られた革命』を中心に――

ソヴェト連邦をどう評価するかは、二〇世紀の歴史の最大の問題の一つであり、マルクス主義者にとってはその真価を問われる試金石であった。ソ連の崩壊にともなって一変したとはいえ、わが国のマルクス主義陣営では、ロシア革命以来のソ連の社会主義建設への無批判的な同調や追随がつい先頃まで圧倒的であり、ソ連「社会主義」の礼賛が猖獗を極めた一時期すら存在した。対照的に、ソ連は社会主義に非ずして堕落した労働者国家だとするトロツキーの理論は、悪罵をあびせかけられ、異端として排斥されてきた。

トロツキーによるロシア革命は裏切られたという抗議の叫びは抹殺され、第二の革命の希求もいまでは空しく消え去ったが、『裏切られた革命』（一九三六年）は、スターリン主義の呪縛とソ連「社会主義」の神話を打ち破って、(1) ソ連とはなんであるか、その真実の相に迫った歴史的な名著であり、ソヴェト・マルクス主義が後世に遺した最良の書に数えられる。また、トロツキーによるスターリン主義体制批判の意義と限界を見定めることで、ソ連の体制がなぜ倒壊せざるをえなかったを洞察することもできるだろう。

一　「ソ連とはなにか?」

一九三六年一一月、第八回臨時ソ連ソヴェト大会の「ソ連邦憲法草案」についての報告演説のなかで、スターリンは、わが国はすでに基本的に社会主義制度を実現するにいたっていると公式に宣言する。「わがソヴェト社会は、すでに基本的に社会主義を実現し、社会主義制度を創建できた。すなわち、マルクス主義者が共産主義の第一段階もしくは最低の段階と違った名で呼んでいるものを実現するにいたった。つまり、わが国にはもはや根本的において、共産主義の第一段階、すなわち社会主義が実現されている」(2)。爾後、ソ連は自国を史上初の社会主義体制と公称することになる。ただ、ソ連における社会主義の最後的で決定的な勝利の表明は、それに先行して、一九三五年のコミンテルン第七回大会の決議や、一九三六年四月四日のソ連共産党機関紙『プラウダ』の記事でなされていたところであった。

ソ連でついに社会主義体制が実現されるにいたったというコミンテルン、ソ連共産党の宣言、それを鵜呑みにして高まりゆく親ソ的な時代風潮に抗し、真っ向から反撃して、トロツキーは、流浪先のノルウエーにあって、『裏切られた革命』を著し、「ソ連とはなにか？」[3]、ソ連の現状、歴史、行方にわたって分析し考察する。

まず、この節では、ソ連の体制の歴史的、階級的性格の規定をめぐる基本的論点を取り上げよう。

トロツキーによれば、ソ連は依然として「資本主義から社会主義への過渡的な体制」[4]、「資本主義と社会主義との中間にある、矛盾を含んだ社会」[5]である。しかも、久しきにわたるツアーリズムの重苦しい遺産を背負わされ、帝国主義諸国の敵対的な包囲下におかれている。従って、これからの成り行き次第で、「社会主義に到達する可能性もあるが、資本主義へと後退する可能性もある」[6]。ロシア革命後の社会主義を目指した建設は、なお「未完結の過程」[7]にあり、ソ連の体制の性格は「歴史的に未決定」[8]なのである。

かかるソ連の歴史的位置づけは、的確であったし、その他の多くのソ連論の追随を許さない、傑出した見地と言える。とりわけ、未完結の過程が辿る結末として「実際には資本主義への後退も完全にありうる」[9]との推測は、半世紀余り後、誰しも予想していなかったソ連のあっけない体制崩壊として見事に的中した。その先見の明の確かさは称賛に値する。あわせて、ソ連が未だ社会主義ではないのは認めるとしても、これから早晩社会主義へ発展するに違いないという主張――わが国では最後の最後まで有力であった――の皮相性をも、トロツキーは指摘している。

ソ連の体制は資本主義から社会主義への過渡にあって、今なお流動的である。この基本線において、トロツキーの説は、マルクス主義の理論に照らして、またソ連の現実の分析として、正当であり、卓抜である。だが、個別に細かく立ち入って検討すると、難点も少なくない。

過渡的もしくは中間的な体制としての現行ソ連の矛盾にみちた性格、特有の二面性を、トロツキーは列挙する。全体として、一方での経済的に目覚ましい発展、成功と他方での政治的な後退、悪化、経済に関しては、生産手段の国家的所有の社会主義的性格と生活手段の分配方式に残存するブルジョア的性格、政治については、ソヴェト国家の進歩的役割と官僚の反動的役割、生活風習や文化の面では、社会主義の萌芽的成長とそれを圧倒する帝政的、ブルジョア的ロシアの復活、等々である。

目下のトピックたる社会主義の達成いかんに関しても、重工業の全面的成功にたいして軽工業の劣悪さ、恐慌に襲われている先進資本主義諸国を顔色なからしめる工業生産のダイナミックな急躍進にもかかわらず国民一人当り生産として見た場合の著しい劣位、全体的な貧困から脱したものの社会主義を可能にするには遥かに遠い生産力の水準、等の二重性を適示する。そのうえで、トロツキーは言う。現在のソ連では「基本的な意味では社会主義などまるで存在しない」(10)、と。

こうした両面性の分析の集約的表現が、ソ連は「官僚の独裁のもとにおける堕落した労働者国家」(11)だとする説である。堕落はしているがなお労働者国家である、労働者国家であるが堕落しているという両義性をもつ、この〝官僚独裁に堕落した労働者国家〟説について吟味しよう。
トロツキーによると、ソ連は堕落しているとはいえ労働者国家である。では、労働者国家である由縁はどこにあるか。

トロツキーは、なによりの根拠を、一〇月革命によって打ちたてられた生産手段の国家的所有が至上の歴史的獲得物として保持されていることにおいている。「われわれが生産手段を国有化したことは、人間による人間の搾取に基づいているところの社会制度全体を社会主義的に改造するための、決定的な一歩であった(12)」。この種の主張は、終始一貫しており、繰り返し表明されている。理論的立場が簡潔明瞭に示されているのは、次の一文である。「社会体制の性格はなによりも所有関係によって規定される。国有化された土地や国有化された工業の生産・交換手段、国家による外国貿易の独占、これらはソ同盟の社会制度の基礎をなしている。……階級関係の基礎にあるこの所有関係によって、われわれはソヴェト同盟の本質をプロレタリア国家として規定するのである(13)」。

こうした理論的見地には、しかし、根本的な疑問が呈される。一つは、労働者国家的所有は果たして社会主義的所有への過渡的形態として当を得ているのか、いま一つは、所有関係によって国家の本質は規定されるのか、である。前者の問題から検討する。

トロツキーによると、「私的所有が社会的所有になるためには、……不可避的に国家的段階を経なければならない(14)」。確かに、マルクス、エンゲルスの『共産主義派宣言』が革命後の過渡的方策としていっさいの生産手段の国家への集中を掲げ、後期のエンゲルスが『反デューリング論』においてブルジョア的国家的所有化──→プロレタリア的国家的所有化──→社会的所有化の歴史的発展行程を描いたように、主要な生産手段の国家的所有を社会的所有への転化過程の不可避的段階として位置づけて、まず初めは国家の所有におきかえなければならないと説くのは、広くマルクス主義の公式になっていた。トロツキーもまた、それを踏襲して、「国家的所有 государственная собственность の社会主義的性格」(15)を認めている。

ソヴェト・マルクス主義では、国家化を通して社会化へというのが、通念であった。だが、ひとたび制度的に打ちたてられた国家的所有は、どのようにして国家的であることを止め、社会的に転じるだろうか。国家化と社会化とは、連続する延長線で繋がっているのではなく、相反する方位で対立的に展開するのである。国家的所有の社会的所有への転化の過程的論理は、トロツキーはもとより、誰によっても解き明かされていない。丁度、プロレタリアート独裁ははたして自発的に解除されうるのか、この反問への解答が提出されていないのと同様に。

逆に、主要な生産手段の国家的所有化により、政治権力のみならず経済権力をも一手に掌握した国家は、比類ないほど集権化し強大化して、巨大な国家権力による社会の新編成という国家主義に向かうだろう。また、目的としての社会主義と手段としての国家集権・国家主導との矛盾、背離に陥り、ひいては目的と手段の転倒をきたして、遂には過渡期社会・国家の国家主義的逸脱、変質にいたるのは必至であろう。主要な、ないし全面的な生産手段の国家的所有化後のソヴェト社会建設の過程自体が、そのことを雄弁に物語っていたのであった。トロツキーの認識と正反対に、当時すでにロシア革命以後のソヴェト社会建設の過程自体が、そのことを雄弁に物語っていたのであった。

トロツキーは、俗流マルクス主義の理論に従って、労働者国家的所有に「原理上での社会主義的な所有形態」[16]、社会主義的所有発生の基本的形態という意味を付与する錯誤を犯している。社会主義的方向性を有するのは、協同組合的所有である。社会主義への過渡期の所有形態は多元的であるが、協同組合的所有が基本をなすとともに漸次拡充されてゆくべき形態であり、国家的所有はたかだか副次的であり縮減に向かうべき形態だろう。これまで見失われてきたのだが、後期マルクスが、未来社会構想の到達点として、資本主義的生産と所有に取って代る将来のシステムとして描いたのも、協同組合的生産と所有にほかならなかった。理論的に円熟したマルクスは、社会主義への過渡的方策としての国家的所有は却けていた。

しばしば批判されてきたように、労働者国家的所有の物神化はトロツキーの躓きの石である。[17]

トロツキーは、国家的所有に加えて計画経済を、ソ連が労働者国家である証拠として挙げる。これについても、ソ連での経済の計画化を社会主義的なそれと錯認している。ソ連では、全面的な国家的所有、国家経営に基づき、超大規模の国家独占体として、生産の全体があたかも単一の工場であるかのように徹底して中央集権主義的に編成され、官僚の手になる計画が国家の行政的命令として各企業に割り当てられた。これは、国家主導の計画的な統制であって、国家主義的な統制経済の一種と言うべきである。

社会主義的な性格を持つ計画経済は、国家の命令的計画ではありえない。反対に、国家の消滅過程と歩みをともにするものであり、社会の協議的計画として、生産単位をなす協同組合企業の生産当事者達（経営管理者と労働者大衆）の協議に基礎をおきながら、協同組合の全国的連合体が中心になり、組織化されてゆくべきものである。

トロツキーは、ロシア革命以来の社会主義的成果として国家的所有と計画経済を維持し護りぬくとする基本的立場を再三再四表明し、そうした観点から、「ソヴェト連邦はその社会的基礎と経済的傾向において、いまなお依然として労働者国家である」[18]と主張する。しかしながら、彼は俗流マルクス主義の国家主義的に偏倚した過渡期経済論を共有しそれに立脚して、こうした評価を下しているのである。『裏切られた革命』の冒頭部では、ソヴェト体制の経済上の成功」を讃えて「社会主義の諸々の方法が生命力をもっているという経験上の証拠」[19]としている。明らかに、彼は国家主義の方法を社会主義の方法と誤認している。

国家的所有、国家経営、国家計画の優勢は、社会主義への移行期の経済としては国家主義的歪曲、あるいは後進国でのやむをえざる国家主義的変型を意味する。彼が社会主義的性格を確信し労働者国家である根拠にしている要素は、ソ連の経済システムが社会主義的方向性を有せず、国家主義的に歪んでいることの証左なのであった。

いま一つ、生産手段の国家的所有が保持されていることをもってソ連を労働者国家とする前出のトロツキーの主張には、所有関係、生産関係によって社会体制や国家の本質的性格を規定するという方法上の欠陥が所在する。官僚独裁に堕落しているとはいえ、「官僚独裁の社会的内容がプロレタリア革命によって生み出された生産関係によって決定される」[20]から、ソ連の体制は労働者国家だと、彼は言う。これは、まったく経済決定論の方法である。

スターリンがソ連における社会主義制度の達成の最たる拠り所として挙げたのも、生産手段の国家的所有の全面的確立であった。この点では、スターリンとトロツキーの間には、第一に、経済と国家の関係について経済決定論的であり、第二に、経済構造にかんしては生産関係ではなく所有形態を第一義的な基準に設定――スターリン『弁証法的唯物論と史的唯物論』は、「生産関係の基礎としての生産手段の所有」を定式化――するという、方法論的な同一性が存している。

総じて、トロツキーは、「社会主義への道は、国家の最大限の強化の時期を通る」[21]という立場をとり、徹底的な国家集権・国家主導の過渡期経済を設定している。「プロレタリア革命は、……解放された生産力を自ら創造した国家の直接自由にゆだねる。……労働者国家は、直接、経済家と組織者の役割を引き受ける」[22]。国家的所有、国家経営、国家計画など、経済運営と国家行政が一体化する。経済のあらゆる梃子をもその手に集中して、政治権力のみならず経済権力も独占した国家は、しかもプロレタリアートの名を冠した独裁権力であり、ブルジョア国家をはるかに凌ぐ強大な権力と機構を備えて、史上かつてないほど巨大化するのは避け難い。そこには、「国家がほとんど唯一の主であるような国」[23]、社会全体を国家化した国家主義の体制が出現する。かかる体制を、トロツキーは、社会主義への過渡的な体制として是認する。

他方、ソ連の国家については、トロツキーはどのように分析しているだろうか。

一〇月革命時のボリシェヴィキ綱領に照らしつつ、彼はソヴェト国家の現実を厳しく批判する。社会主義社会への到達という公式発表にもかかわらず、国家は社会のなかに溶解していないばかりか、溶解しはじめてもいない。もっと悪いことに、「それは史上かつてなかったような強制の機構へと肥大化した。官僚は大衆に席をゆずって消滅するどころか、大衆の上に君臨する無制限の権力へと転化した。軍隊は武装した人民によっておきかえられるどころか、元帥を頂点とする特権的な将校階級をそのなかから生みだした」[24]。要するに、ソヴェト国家は官僚の独裁に堕落しているのである。

批判は的を射ており、ロシア革命の精神から懸け離れてしまっているソ連の現状とスターリンの社会主義勝利宣言の虚妄性を顕わにしている。

しかし、トロツキーの所説にも、これまでは摘出されることがなかった欠陥が潜んでいる。それは、社会主義への過渡期における民主主義や国家とはどういうものかについての本質的理解にかかわる。

現行ソヴェト国家の分析と批判をおこなうにあたりトロツキーが尺度にしているのは、一九一七年革命当時のボリシェヴィズムでありレーニン主義である。政治的な自由、民主主義を事例にとると、「レーニンの執筆した党綱領」[25]、すなわち一九一九年三月に採択された共産党綱領に照らしてスターリンの手になる新憲法草案の後退、欺瞞性を突いている。また、ロシア革命の政治的旗印となったプロレタリアート独裁を基準にして、それが官僚独裁に堕落しているのを批判している。レーニン『国家と革命』に代表的に提示されていてソヴェト・マルクス主義の基幹部をかたちづくり、ソヴェト国家建設を導いてきたプロレタリアート独裁やプロレタリア民主主義、その具現としてのソヴェト民主主義については、トロツキーはいささかも疑念を抱かず、それに全面的に依拠しているのである。いわゆるコミューン型国家に関しても、同様である。

ところが、別書で詳述したように、レーニン主義のプロレタリア民主主義、ソヴェト民主主義は、民主主義の階級性にかこつけて対立する階級にたいして自由を剥奪し民主主義から除外する、つまり異質物は排除するという構造をなしていて、民主主義としては前近代的、もしくは疑似的にすぎなかったし、そのプロレタリアート独裁は、独裁を国家の本質として確定することで、国家の形態だとする民主主義に優位させるとともに、非常事態に対処する臨時的な独裁を社会主義への過渡期の全時期に恒常化し永続化してしまう、などの根本的な過誤を内有していた。コミューン型国家についても、コミューン＝地域自治体を基体として分権制で連邦制を描いたマルクスの構想を、中央集権制にして権力統合制の公安委員会型国家へと改編していた。

ボリシェヴィキのすべてがその革命性、正当性を確信しきっていたのだが、ロシア革命とその後の建設を嚮導したソヴェト民主主義、プロレタリアート独裁、公安委員会型国家は、政治的にはとりわけ後進的で、自由、民主主義を欠き専制を特質としてきたロシアの歴史的伝統を受け継いでいて、過渡期の政治システムとしては甚だしく歪んでいた。トロツキーの議論は、レーニン時代から更に数段歪みを深めたスターリン時代のソヴェト国家にたいする批判のかぎりでは正当性を有する。しかし、トロツキーは思いもしないことであるが、オールド・ボリシェヴィズムあるいはレーニン主義に復したとしても、その政治システムでは社会主義への道を開くことはできないのだった。

これまで明らかにしてきたトロツキーの所論の諸々の難点を踏まえると、〝官僚独裁に堕落した労働者国家〟という規定は、一九三六年当時のソ連の現状の考察と評価としては甘すぎると言わざるをえない。スターリン主義的堕落に解消できない、ロシア革命以来の経済システム、政治システムそれ自体の基本線での歪みについて、トロツキーもまた覚識するところがなかったからである。当時としては卓抜で明察に富んだ著論ですら、分析と評価の基準に狂いがあって、ソ連とはなにかの究明に多大なる限界を免れることはできなかった。

顧みると、とうに一九二〇年、レーニンは、ソヴェト・ロシアの現状について「官僚主義的に歪められている労働者国家」[26]として捉えていた。その規定を、大々的な変動過程を経た一六年を隔てて、トロツキーは復唱しているわけである。レーニン死後のソ連が堕落を重ねてきたことは、彼が強調してやまないところである。往時のレーニンの規定の襲用にとどまってよいとは到底思われない。革命以後のソヴェト・ロシアの歴史的過程をトロツキーがどのように把握しているかという、次の論題に移ろう。

二「ソヴェト・テルミドール」

現行ソ連体制が官僚独裁に堕落しているとすれば、そうした堕落はいつ、どのようにして生じたか。トロツキーは、これを「ソヴェト・テルミドール」[27]として取り扱う。

ソヴェト・ロシアの堕落、一〇月革命からの後退に関するトロツキーの認識は、比較的晩生であった。ソヴェト国家の創建の時期、前出の「官僚主義的に歪められている労働者国家」という把握に示されるように、レーニンの方が問題の存在を強く、はっきりと意識していた。トロツキーの認識が遅れたのは、革命によって打ちたてられた労働者国家であるがゆえに、ソヴェト国家を物神化してそれへの労働者の服従を当然視してかかる傾向に囚われていたことにあろう。例えば、革命の帰趨をかけた内戦の渦中という極度に緊迫した状況下であれ、ソヴェト国家を絶対視する主張が見られる。「労働者は国家に従属し、あらゆる面で国家の支配下にある。それが彼の国家だからだ」[28]。この時期、トロツキーほど、革命の防衛にあたる軍事的独裁国家への服属を徹底して強調した者はなかった。

一九二六年六月のソ連共産党中央委員会の席上で、トロツキーは初めて「テルミドール」の語を用いた。その際には、資本主義復活の可能性をもつ決定的な右傾の危険をブハーリン派に見込んだ。一九二九年九月には「テルミドール」[29]を、「反革命の勝利の第一段階、つまりある階級の手から他の階級の手に権力が移行したこと」として、反革命の意味で使用し、「テルミドール」の勝利説に反対を唱えた。

ところが、一九三五年二月に、今度は「革命の社会的基礎のうえで起こった反動」[30]へと意味づけを変更して、「テルミドール」はすでに一〇年前に起きていたと、主張を全面的に転換するにいたった。これを受けて、『裏切られた革命』では、ロシア革命後にプロレタリアートの内部に生じた反動とともに形成された官僚が、ネップによって広がり、国際革命の敗退のなかで台頭し、左翼反対派を粉砕してボリシェヴィキ党を征服した経過を明らかにして、「テルミドール」を端的に「大衆にたいする官僚の勝利」[31]と定義している。

こうして、「ソヴェト・テルミドール」の問題は、「スターリンはなぜ勝ったか」[32]の問題になる。トロツキーによれば、「テルミドール官僚の争う余地なき指導者……その層の第一人者」こそスターリンなのである。

「ソヴェト・テルミドール」についてのトロツキーの議論は、叙上のように変遷しているが、それが反革命の意味であれ反動の意味であれ、「テルミドール」の用語は不適である。

まず、フランス革命の史実を誤認している。テルミドールに関して、彼は「サンキュロット党が敗北を喫し」「下層階級は権力を失った」[35]と把握しているのだが、そこでは、ジャコバン派とサンキュロット派を無差別に混同し、ジャコバン独裁を「サンキュロット独裁」[36]と誤解している。そのうえで、ジャコバン独裁というブルジョア革命の急進化、行き過ぎの局面から正常な軌道への回帰を意味したテルミドールを、下層階級を代表する党派が権力の座から追い落とされた反革命もしくは反動のクーデタと曲解している。

次に、フランス・ブルジョア革命、なかでもジャコバン独裁をモデルに据えて、それをソヴェト・ロシア史にあてはめている。だが、ジャコバン独裁については、マルクスがコミューン国家の構想にあたって心を砕いたように、これを超克することこそがプロレタリア革命の課題なのである。それに反して、すでにエンゲルスがジャコバン独裁をプロレタリアート独裁の先蹤であったかのように誤って捉え、レーニンはコミューン型国家をジャコバン主義的公安委員会型国家に改竄していた。「ソヴェト・テルミドール」説も、そうした歴史把握の流れを汲んでいる。

通俗的なマルクス主義の誤れるフランス史認識に依拠しそれを尺度にした歴史研究が広く影響を揮ってきたわが国の事情を勘案して、「ソヴェト・テルミドール」の立言の不適切性を強調しておきたい。

反動化の画期を解りやすく説明する便宜上、あえてフランス革命史にアナロジーを求めるのであれば、ブリュメール一八日になぞらえるべきだろう。

「ソヴェト・テルミドール」という問題設定には、ソヴェト・ロシアの革命と建設を前進と後退の曲折に満ちた過程として把握する利点がある。しかし、その歴史的変転を国家権力の掌握者の交替を指標に政治過程として追跡する。この点では、視野がいささか狭窄である。

さて、官僚はなぜ勝利したか？　もしくは「スターリンはなぜ勝ったか？」。

スターリンが最高指導者として頭角をあらわし官僚が新しい支配集団を形成するにいたった起因を、トロツキーは「ボリシェヴィキ党の変質」[37]に求める。「ソヴェト・テルミドール」を一九二四—二五年に設定したのは、これに対応する。

一九二四—二五年には、レーニンの死、後継をめぐっての党内闘争の展開、第一二回党大会、スターリンによる一国社会主義論の提唱などを経て、ソ連共産党の指導権がスターリンへ移ったのであった。この一連の過程で、トロツキーが最重要視するのは、党内民主主義の内容をなす批判の自由、思想闘争の自由の制限、党内分派の禁止であり、反対政党の禁圧である。

一九二一年のソ連共産党第一〇回大会での党内分派禁止は、「情勢が本格的に好転したらただちに撤廃されるべき例外的措置」[38]であり、時を同じくした反対諸政党の禁圧は「原則ではなく、エピソード的な自衛行為」[39]であった。だが、やむをえずとった一時的な措置に乗じて、スターリンと彼の追随者達は勢力を増強し国家を支配下におき、党内分派の禁止、反対政党の禁圧を原則として恒常化し、党内民主主義、ソヴェト民主主義を圧殺していった。当初は官僚の平衡錘になっていたボリシェヴィキ党は反対政党を禁圧することによって国家と癒着してゆき、党＝国家の官僚集団がかたちづくられていった。現在「ソ連の支配党は……官僚層の独占的な政治機関である」[40]。およそこのように、トロツキーはボリシェヴィキ党の変質の経緯について述べている。

こうした説明は、党（内闘争）中心に偏った見方であり、ボリシェヴィキ党を中心に据えてその功績を説くボリシェヴィキ史観のトロツキー的な適用という難点を免れないとしても、ソヴェト・ロシアの歴史の転回の重要な一局面を明らかにしている。ことにソヴェト組織における反対政党の一掃を諸々の堕落と腐敗の源として位置づけるとともに、他政党の禁止の党内への跳ね返りとしてボリシェヴィキ党の分派禁止を捉え、反対政党を禁圧している党派は党内の民主主義を確保しえないことを示唆しているのは、特筆に値しよう。けだし、党内分派の禁止、党内民主主義の制限には異論を唱えるけれども、他の諸政党の禁圧、党間民主主義の抹殺には疑いを抱かないのが、特にわが国のマルクス主義では一般的傾向だったからである。

ただ、ボリシェヴィキ史観から解放されて、ソヴェト・ロシアの反動化、堕落への決定的転機を探るならば、共産党第一〇回大会の直前に起きたクロンシュタット反乱にたいする鎮圧に求めるべきだろう。他のボリシェヴィキと同様に、トロツキーもクロンシュタット反乱を「反革命事件」[41]として終生非難しつづけた。しかし、それとはまったく逆に、ボリシェヴィキ政権下でのソヴェト民主主義の重大な侵犯を告発して、一党による権力の独占の廃止と民主主義的諸権利の復活、徹底を訴え、労働者と農民の意志を体現していない現行ソヴェトの自由な再選挙などを掲げて立ち上がった水兵達の反乱を、反革命と断じて鎮圧したことこそ、ロシア革命の堕落、変質への決定的転機をなしていたと言えよう。一〇数年後のトロツキーの書とは立場が対立するが、早くも一九二一年のクロンシュタットの反乱において、ロシア革命の裏切りへの弾劾の叫びが発せられ、裏切られた革命という見方は生まれたのである。

ところで、スターリン（派）によって、一九一七年一〇月の革命的変革に匹敵し、社会主義の勝利を直接に成就した画期と公称されてきた、一九二九―三三年の「上からの革命」は、一九二四―二五年の出来事、あるいは一九二一年の事件にもまして、ソヴェト・ロシア史の重大な転換を劃した。スターリンの主導による急激な工業化と集団農場化の社会的大変動に、トロツキーはどのように対応したか。

工業化について、トロツキーは、スターリン（政府）の政策のジグザグを批判しながらも、国家的所有制の強化と工業の計画化の進歩性という見地から、この「左旋回」を歓迎した。こうした工業化の進展の功罪両面に関する二面的な評価については、前節ですでに関説したので、ここでは農業の集団化についてについて取り上げよう。

土地の国家的所有の守護、農業の集団化は、工業化、計画化とともに、トロツキーが左翼反対派として首唱してきた政策であった。それに対抗して富農庇護政策をとってきたスターリンは、一九二九年末にいたり突然、準備なしでの、全面的で、途方もなく急速な農業の全面的な集団化に転回した。トロツキーによると、日和見主義から冒険主義へ一転したのであり、目標は正しかったが、「方法が盲目的で場当たり的で強行的であった」[42]。「集団化はもっと合理的なテンポともっと計画的な形態をとりえたはずであるし、またとるべきであった」[43]。一九一九年に試みられたが遂行されずに終った農業の集団化がやっと再実施に移されたという事情もあったから、トロツキーは、今回の農業の集団化についても、これを推進すべきとの基本的立場をとって、その速度と方法に批判を集中するのである。

彼は、農業の集団化の進行に「将来に期待を抱かせる農業の高揚のはじまり」[44]を見るが、他面では、全資産の収用という形をとった集団化にたいする農民の死に物狂いの抵抗、穀物の収穫の低下、大量屠殺による家畜の半減、飢餓や疫病、弾圧による何百万にのぼる人間の死、等の農業の集団化のすさまじい実態の一端を記している。ところが、「集団化は全体としてあからさまな暴力の所産であったなどという自由主義的なたわごと」[45]に反駁してもいる。ここでもトロツキーの評価は、矛盾的で二面性を有している。

急進的な工業化と農業の全面的集団化について、数年前合同反対派を形成していたジノヴィエフとカーメネフは、更には左翼反対派の指導的メンバーのかなりも、スターリンが反対派の核心的な政策を採用し実行していると見做して、スターリンに屈伏する道を歩んだ。トロツキーは、彼らとは異なったが、進め方には大いに欠陥があるものの社会主義的な工業と農業への歩みの一歩であると評価して、批判的支持の態度をとった。その点では、トロツキーも、スターリンの「左旋回」に惑わされ、達成成果の過大な評価に陥るのを避けられなかった。最も重大なことに、工業化と集団農場化の遂行をつうじて、国家主導により国家的所有、国家経営、国家計画が更に増強され、国家による社会の統括の国家主義的傾向が決定的に拡大深化したことを看取することができなかった。

一九二九―三三年の「上からの革命」は、「独裁が……社会にたいする国家による一層強力な指導の制度に転化」[46]したとスターリンが概括するように、更なる国家主義化によってソ連の体制が極度に国家主義化して、社会主義への過渡的な体制が社会主義の方に向かって前進するのではなく、それとは逆の方へ、国家主義の体制へと滑落した一大画期をなしたのであった。その意味で、この革命の歴史的性格を、逆革命と規定できよう。また、この革命は、推進的担い手からすれば、スターリンが率いる党＝国家によって発動され強行され、そしてスターリンとその党を頂点として官僚層が支配するピラミッド構造に国家・社会全体を改編したのであり、一九一七―二一年の革命たるボリシェヴィキ革命にたいして、スターリスト官僚革命として性格づけることができるだろう。

ソ連の社会・国家の後退、堕落を問うのであれば、一九二四―二五年の「テルミドール」にもまして、一九二九―三三年の「上からの革命」を俎上にのせるべきであった。が、トロツキーは、自らもまた国家的所有、国家計画を基軸にする国家集権・国家主導の過渡期建設路線に立脚していて、「上からの革命」の根本的な問題性を切開することができなかった。

三　「第二の、補足的な革命」

社会主義への過渡にあるソ連の体制は、労働者国家としては堕落しているが、過渡期経済システムとしては真っ当である。このように把握するトロツキーは、官僚独裁に堕落した国家の官僚支配を覆す内部革命として、「第二の、補足的な革命」[47]を提唱する。

革命の主内容は、ソヴェト民主主義の回復であり、批判の権利と選挙の自由、ソヴェト諸政党の自由の復活、労働組合の蘇生などである。つまり、「ソヴェト・テルミドール」以降ボリシェヴィキ党が陥ってきた諸過誤を正して、元に復させることである。従って、「第二の」革命は、政治革命であり、「社会の経済の基礎の変更、ある所有形態の別のそれとの交替」[48]を遂行する社会革命ではない。その意味で、「補足的な」革命である。

「すべての点でソヴェト国家は共産主義よりは後進資本主義にずっと近い」[49]。先進資本主義諸国への追いつきを課題としている生産力の低い水準など、社会主義への道は前途遼遠であった。この実状にあって、社会主義への前進の軌道を敷設するには、発展のなによりの障害となっている官僚独裁を転覆する必要があるのだった。

ソ連が社会主義へと向かって進んでいくには、なによりもまず「官僚絶対主義」[50]、「官僚専制」[51]を打倒しなければならない。この主張は、当時の時代状況にあって、追放され、孤立した革命家のまったき異端の叫びにすぎなかったが、ソ連の実相を見抜いた卓抜な見識であり、永続革命者トロツキーの真価を遺憾なく発揮している。

ソ連体制について再度の革命が不可欠であるとする主張の正当性は、その後の歴史的経過に照らしても、疑いない。しかしながら、社会主義への発展の路線に復するには、政治革命で事足りて社会革命は必要としないのだろうか。所有関係に関しては変革を要しないとする見解が、労働者国家的所有こそ社会主義的性格を抱有するとする誤信に基づいているのは、すでに検討したことから明らかである。ここでは、官僚の社会的存在性格とソ連体制の編成構造の両面から、「第二の、補足的な革命」説について批判的に考察しよう。

官僚の社会的性格は、トロツキーによると、「ソヴェト社会での完全な意味での唯一の、特権的な指令層」[52]であるが、「支配階級ではない」[53]。けだし、「階級というものは社会の経済制度のなかでの地位によって、なによりもまず生産手段との関係によってその性格が規定される」[54]からである。

この言説は、ソ連とはなにかをめぐる国家資本主義を主張する論者達との論争において、官僚を「『国家資本主義者』階級として把えようとする試み」[55]にたいする批判の文脈で述べられているのだが、そもそも、資本主義社会の（経済的）階級概念をソ連社会の分析に適用することと自体、当を失していよう。

ソ連は、資本主義から社会主義への過渡的体制として、しかもそれの国家主義的歪曲形態として、歴史上類例のない存在である。それと同じように、その体制の支配集団として出現した官僚もまた歴史的に前例がない。ソ連官僚が右の階級の定義に妥当しないのは当たり前であって、資本主義社会について得られた既成の概念装置をあてはめて、官僚が支配階層であるか支配階級であるかを争っても、さほど意味はあるまい。肝心なのは、官僚の支配集団としての歴史的、社会的な独自性をソ連体制の構造的特質との関連で析出することである。

ソ連の体制は、全面的な国家的所有、国家経営によって経済権力も国家権力に統合され、いっさいの権力が国家に集中している。まさしく、「国家がほとんど唯一の主である」。こうした国家による社会の全般的統括の構造、国家の社会にたいする圧倒的優位の構造は、一九世紀の古典的な資本主義とはもとより、国家介入により変容するとはいえ、社会と国家の均衡を適正な範囲に保った二〇世紀の高度資本主義とも、逆の編成である。他方、資本主義から社会主義への過渡的体制の正常な姿とも、逆である。ソ連体制の構成は、最も基本的な特質として、この二通りの意味で逆構造をなしている。

そうした逆構造を、トロツキーは、社会主義への過渡期社会の国家主義的変異として否定的に認識しえずに、本来的なものとして肯定的に了解している。「過渡期の諸条件のもとでは政治的上部構造が決定的な役割を果たす」[56]、「経済の性格はまったく国家権力の性格にかかっている」[57]、などというように。

この特異な逆構造の体制にあっては、生産関係や所有形態に基づいて支配集団は存立するのではない。「支配層の権力と収入と特権の源としての国家の存在そのもの[58]」とトロツキーも述べているが、国家そのものが特権的な支配集団の形成の源になる。各人の国家権力にたいする関係、政治的地位が、彼の社会的地位、経済的地位をも規定する主要因になる。従って、資本主義社会における剰余価値の搾取や富の蓄積を基準にして、それらの有無によってソ連官僚の社会的性格を判別してはならないし、また判別しえない。ブルジョア階級は、経済的に支配し、それにともなって政治的にも支配するが、ソ連官僚は、政治的に支配することによって経済的にも特権を享受するのである。

トロツキーは、ソ連官僚の人民からの掠め取りについて、「階級的搾取ではなく……社会的寄生」[59]、あるいは「政治的に収奪[60]」とする。それはそのとおりであろう。国家が政治、経済、文化にわたる権力を独占しているソ連では、官僚は国家的支配を担掌することによって、給与、諸々の現物サーヴィスで労働者、農民大衆から隔たった特別の処遇にあずかり、加えて公益事業、福祉、医療、保養、文化、芸術等に関して特別の恩恵に浴する。

ソ連の官僚を特権的な支配集団たらしめているのは、なによりも政治権力との関係であって生産手段との関係ではない。のみならず、生産手段の所有関係についても、国家的所有をただ静態的な所有形態として見れば、格別の差異はないと言えるが、動態的な占有、用益、取得の過程として見れば、官僚と労働者、農民の間には明らかな懸隔が所在する。トロツキーも、「生産手段は国家に属している。しかし、国家は官僚に『属して』いるようなもの[61]」と述べ、例えば一方の邸宅、別荘にたいし他方は木造バラックという住居の実態を記しているように。

要するに、生産手段の国家的所有が存続していることをもってソ連官僚は支配階級ではないとするのは、正当でない。トロツキーが一〇月革命の最重要な成果であり社会主義への発展の絶対的な基礎だと信じて疑わない、生産手段の全般的な国家的所有は、彼の思い込みとは反対に、過渡的体制を国家主義的に歪め官僚支配を強固にする主要因をなしているのである。

社会的ルーツからしても、ソ連官僚は特異である。官僚集団の上層部の前歴は、かつての革命政党員である。ボリシェヴィキ党の変質と官僚の支配集団としての形成は、一体的であった。支配集団としての官僚の台頭のうえで決定的であったのは、「ソヴェト・テルミドール」を検討して述べたように、他の諸政党の一掃によるボリシェヴィキ一党独裁の最終的確定であったろう。それによってソヴェト民主主義が消滅する一方、ボリシェヴィキ党と国家の癒着が体制的な制度となるのである。その後の党と国家におけるスターリンの制覇、そして「上からの革命」の過程をつうじて、党＝国家官僚は労働者、農民大衆への新たな支配集団へと転化するにいたったのだ。トロツキーが認めているように、「かつてのボリシェヴィキ党は今ではプロレタリアートの前衛ではなく、官僚の政治組織と化している」(62)。

被支配諸階級の解放を目指した革命的前衛政党が、全権力を集中した国家と一体化して権力を独占し簒奪して、社会のなかに溶解していくのではなく、特権集団に固着化し、マルクス＝レーニン主義の教義で正統化して、人民大衆の上に立つ主人へ転化する。こうしたことは、勿論、歴史上前例がない。

トロツキーは、官僚の社会的存在性格の特質を表わすべく、「支配カースト」[63]の語を、「この用語の間に合わせ的性格」[64]を自認しつつ、しばしば使用している。カーストと呼ぶのは、「その閉ざされた性格、その専横な支配、そして……この支配層の傲慢さを強調する」[65]ためである。けれども、生れつきの社会的地位、身分ではまったくないし、労働者、農民大衆のなかから選抜され、補充され、更新される党=国家官僚を「カースト」と呼ぶのは、的外れであろう。支配集団としての新奇さを表現すべきところに古い集団の名を借用するのは、当を得ていない。

論歩を進めよう。

官僚集団について、トロツキーは、労働者、農民大衆の上に立つ特権層として批判する反面、国家的所有や国家計画の制度を防衛しているかぎりでは進歩的な歴史的使命をはたし続けているとして、半ばその存在意義を承認する。「官僚は自らの権力と収入の源としての国家的所有を擁護せざるをえない。官僚はこの働きの面で依然としてプロレタリアート独裁の道具としてとどまっている」[66]。そして、彼は「『社会主義的』官僚の二面的な役割」[67]について弁じ、官僚を「中間主義者」[68]と呼ぶ。

国家的所有の保持にあたっているかぎり、プロレタリアート独裁を官僚独裁に歪めていても、官僚は社会的に必要な機能を遂行しているとする評価や、それにともなう官僚の二面性という見解が、生産手段の労働者国家的所有を社会主義的だとする誤信、労働者国家的所有の物神化の所産であることは、これまでの論述から明らかであろう。「官僚は、社会的有機体にたいする一時的な腫瘍なのか、それともこの腫瘍はすでに歴史的に不可欠な器官に転化してしまったのか？」[69]。この係争問題について、トロツキーは、官僚を、生命にはなんらの別条なしにそれのみを切除しうる、一時的な性格の腫物と見做す。この把握も、皮相にすぎると言わざるをえない。ソ連官僚は、国家主義的な生産と所有のシステムに深く根ざした必然的で、恒常的な存在であり、体制の不可欠の器官と化しているのである。

全面にわたる生産手段の国家的所有こそ、スターリスト官僚支配に適合する所有形態である。社会主義への過渡期における国家集権・国家主導の生産と所有のシステムこそ、支配政党と国家が癒着し、党＝国家官僚が特権的な支配集団に転化する物質的基礎をなしている。官僚による国家的所有の擁護は、トロツキーがしきりに言うように、官僚はまだ依然としてプロレタリアート独裁の武器であることを示すのではない。国家的所有を官僚が自らの特権的支配の拠点として守護することを示している。スターリンは官僚の頭目であり、官僚がスターリンを探りあてたとしても、国家主義的に構成された経済システムが官僚集団の増強を不可欠にしたのである。

国家主義的経済システムを護持しながら官僚集団を打倒することは、不可能事である。官僚を除去し官僚支配を覆す革命は、全面的な国家的所有、国家経営、国家計画のシステムを変革し、その国家主義的歪みを正す社会革命とならざるをえない。

「官僚の打倒は、国有財産と計画経済の維持を前提とする。全問題の核心はここにある」[70]。トロツキーは、官僚打倒の問題を、生産手段の国家的所有や国家計画を維持する問題に従属させる。かかる問題設定に立つ「第二の、補足的な革命」は、自家撞着であり、空語化せざるをえない。

ソ連が社会主義へと向かうには、再度の革命が欠かせないが、その革命は、過度の国家的所有、国家経営、国家計画をもってする国家主義的経済システムを是正して協同組合を中心にする社会経済システムへの改造を進めるとともに、中央集権主義が徹底した公安委員会型国家をコミューン型国家へと改組し、その過程で偏狭なソヴェト民主主義をのりこえる、より豊かで高度な民主主義を造出して、労働者、農民大衆が主人公になり官僚は公僕になるような、全体的な社会革命でなければなるまい。トロツキーが唱える政治革命は、こうした社会革命の一環として突破口的な位置を占めるにすぎないだろう。

これまで考察してきた官僚支配の歴史的、構造的特質からすれば、官僚は支配階級にあらず、支配層だというトロツキーの説は、説得性に乏しい。ソ連の官僚集団の社会的性格について、「国家資本主義者階級」だとする論者とはまた別の理論的見地から、これを新しい支配階級と規定するのがより適当であろう。

ところで、「第二の、補足的な革命」の現実的な可能性を、トロツキーはどのように踏んでいたのだろうか。

彼が見るところ、「官僚的中間主義のボナパルティズムへの発展」[71]が進行して、官僚集団と勤労大衆の対立が均衡している現在のソ連は、「役人が労働者国家を食いつくすか、それとも労働者階級が役人をしまつするか？」[72]の問題に当面している。一〇年余り前の「ソヴェト・テルミドール」以降の革命の反動化、堕落の過程の帰結として、今日では「ソヴェト・ボナパルティズム」[73]としての体制的危機を迎えている。ここでも、フランス史にアナロジーを求めた「ソヴェト・ボナパルティズム」の用語は、階級均衡や危機に立つ体制といった、史実に即していない、俗流マルクス主義のボナパルティズム論[74]に基づいており、不適と言わざるをえないが、それはさておこう。

トロツキーは、遠からず新たな革命が不可避だと見込んでいる。ただ、フランス・ボナパルティズムが対外戦争での敗北を機に倒壊したように、労働者階級が官僚を一掃する革命の契機となる新しい衝撃は、ソ連内部からよりも外部から来るだろう。

終生堅持した国際主義と世界革命の展望に立って、トロツキーは先進資本主義国で起こる革命を見込んだ。欧米資本主義諸国での革命と結びつくことによって、ソ連における社会主義への道も開かれてゆくにちがいない。晩年のレーニンは、西ヨーロッパ諸国ではプロレタリア革命は困難だが、革命後の建設は用意であり、後進国ロシアでは革命は容易であったが、その後の持続的発展ははるかに困難であると述べて、西ヨーロッパ革命を待望したが、それと同じような見地である。

しかし、西ヨーロッパ革命についての見込みは、楽観主義的にすぎていた。一方では資本主義の潜在的発展力の過小評価が存在する。一〇月革命によりロシアの地で世界資本主義の鎖が断ち切られ、一九二九年からは史上最大の恐慌に見舞われているように、もはや資本主義は時代遅れになり、生命力を使いはたしてこれ以上発展する余地は残されていない。これは、マルクス主義者に通有の同時代認識であった。トロツキーは、大恐慌によって危機に瀕し国家介入主義へと変容した当代の先進資本主義体制を、「資本主義的エタティスム」[75]として的確に特徴づけて捉えている。ところが、エタティスムとしてはソ連は先進資本主義を上回っていた。だが、彼によると、ソ連の制度は「進歩的」で、「資本主義的エタティスム」は「反動的」である。[76]「資本主義の死の苦悶」[77]の今日的動向に注着するトロツキーは、深刻な危機に喘いでいるとはいえ、「エタティスム」をとった先進資本主義体制に秘められている発展力、危機に直面して発揚する柔軟な変革力を看取することができなかった。

他方で、問題にしなければならないのは、ソ連についての甘すぎる評価との関連である。トロツキーは、官僚独裁に堕落しているとはいえソ連は労働者国家であるとの認識に基づいて、欧米帝国主義にたいして「ソ連擁護の立場、それも断固たる無条件擁護の立場」[78]をとる。ところが、ソ連の体制の歪み、変質は彼の批判をはるかにこえて深刻であった。トロツキーにとって意想外のことだが、社会主義を公称するスターリン主義体制のソ連の存在が、悪しき見本として、先進資本主義国における革命の障壁として現われ、世界の舞台でのプロレタリア革命の実現に有利な条件ではなく不利な条件となる。現存するソ連の体制へのラデイカルな批判、ソ連型とはうってかわった社会主義像の明示なしには、西ヨーロッパ諸国での革命は不可能なのであった。

筆舌に尽くしがたい辛酸をなめながら、トロツキーは、堕落したソヴェト・ロシアを本道に復させようと、シジフォスのような苦闘を重ねた。ところが、第二のロシア革命として必要なのは、トロツキーが打ちだした「補足的」な政治革命の域にとどまらない、もっと根底的な革命であった。そして、そのような革命は、西ヨーロッパ諸国での革命の動静という国際関係とも相関するが、ソ連内部の問題としてはトロツキー主義やレーニン主義をものりこえ、第一のロシア革命の諸難点をも突破することでしか達成されないに違いなかった。

四　「裏切られた革命」と「全体主義体制」

「ソ連とはなにか」、「ソヴェト・テルミドール」、「第二の、補足的な革命」という『裏切られた革命』の最も中心的な論目に即しつつ、ソ連の現状、歴史、将来をめぐるトロツキーの所論を検討に付してきた。本節では、未検討のキーワードとして、「裏切られた革命」を取り上げ、ソ連の堕落、変質はなぜ生じたのかをめぐって総括的批評を試み、加えて「全体主義」の新たな論点に注目する。

ソ連における社会主義体制を目指した建設の途次で、革命当初の目標からの離反が進行したのは、なぜだろうか。

西ヨーロッパへの革命の拡大の失敗による帝国主義諸列強の包囲と重圧のもとでの一国的孤立、打ち続いた戦乱による荒廃が重なって更に凄まじくなった経済的、政治的な後進性といった極悪の諸条件は、このうえなく大きな原因であった。だが、客観的な条件に帰してしまうことはできない。主体的な要因として、革命後の過渡的な体制建設を主導したスターリンと彼を頂くソ連共産党が、一国社会主義の理論と実践をはじめとして、数多くの問題でロシア革命やレーニン主義の原則に背いたことは、トロツキーが指弾するように、紛れもない。端的に、一九二四年以降のソ連の体制建設の軌道を敷設したスターリンの一国社会主義建設可能論は、マルクス、エンゲルスは言うまでなく、ボリシェヴィキもまた立脚してきた社会主義体制は世界的規模でのみ建設可能になるという原則を捩じ曲げたイデオロギーにほかならなかった。ここに、「裏切られた革命」というトロツキーが定立した視座の有効性と魅力が存する。

トロツキーは、革命と建設がおかれた煉獄的な諸条件とスターリン主義の裏切りを絡めて、ソヴェト・ロシア史の解明をおこなっている。しかし、「裏切られた革命」あるいはスターリニスト官僚による革命の簒奪という問題構制は、ソヴェト・ロシアの堕落、変質の主体的な原因の考察として、一つの面を鮮やかに照射しているとはいえ、狭隘にすぎる。

まず、ソ連共産党の内部闘争を基軸にした見方である。しかもその際、レーニンやトロツキーのボリシェヴィズムの基本路線について、その無謬性が仮定されている。他面、メンシェヴィキやエスエルなどの反革命への転落、ドイツ社会民主党などによる革命の裏切りが紛う方なき事柄として強調される。反対政党の一掃については後年その誤りを反省するにいたるわけだが、ロシア革命によるソヴェト国家樹立の過程での出版の自由の抑圧、憲法制定議会の強制解散、クロンシュタット反乱の鎮圧といった重大事件についても、ボリシェヴィキの誤りなきことが内意されている。しかしながら、別の立場からすると、革命を裏切り、革命を簒奪したのはボリシェヴィキという見方も成り立ちうるのである。

「裏切られた革命」という問題枠組では、スターリン（派）に代わって左翼反対派ないしトロツキー（派）が党内闘争で勝利して、レーニン主義に忠実に建設を推し進めれば、ソ連は堕落、変質を免れたということにもなりかねない。だが、ソヴェト・ロシア史の変転は、そのようなレヴェルでは捉えられない。トロツキーの問題設定やボリシェヴィキ史観から離れて、もっと大きな歴史的視野での考察が求められる。

社会主義を目指すとはいえ、社会主義以前の課題も解決しなければならないソヴェト・ロシアが直面したのは、歴史的段階を異にする、およそ三つの課題の遂行であった。①高度工業化、②民主化、③社会主義化、である。①、②は、③の前提的必要条件であり、欧米の先進資本主義諸国では資本主義経済とブルジョア国家のもとで、この当時までに概ね達成されていた。

西ヨーロッパでの革命の可能性が遠ざかってしまった一九二四年を境に、国際情勢には目立った変化が生じるといえ、一九二〇年代をとおして、ソヴェト・ロシアが国内において取り組まねばならなかったのは、高度工業化、民主化であり、それによって社会主義建設の経済的、政治的、文化的な前提諸条件を漸進的に創出し築くことであった。そのために、社会主義への過渡的な方策というよりも、社会主義への過渡的体制建設の基礎的条件さえ欠いている現状にあって、社会主義への過渡的体制への更にまた過渡的な方策が、的確に進められなければならなかった。

先進諸国が資本主義的発展により達成した高度工業化、民主化という大課題を、ソヴェト・ロシアは、資本主義的な経路、方法によらずして、どのようにして遂行してゆくか。晩年のレーニンは、「プロレタリアート独裁の体系」(79)として、強力な国家が権力を全面的に発動して脆弱な社会を組織化する隊形を追求した。そして、「普通の歴史的順序を……変更」(80)して「労農権力とソヴェト制度をもとにして、他の国民に追いつくために前進」すること、すなわちプロレタリアート独裁権力を保塁にして、社会主義を建設するための工業化と民主化の水準を獲得するという道筋を説いた。経済面では、国家的所有に移した基幹産業を管制高地にしつつ、ソヴェト国家の統制のもとで資本主義を育成するという意味で国家資本主義の軌道に導くように図った。そうしたネップの採用に加えて、最晩年には、協同組合が社会主義へと前進するうえでもつ特別な意義に着目した。しかし、政治面では、メンシェヴィキやエスエルなどの反対政

党を撲滅するとともに党内分派を禁止して、経済的な緩和とは逆に、締め付けを強化する政策をとった。(81)

トロツキーが説くのは、「社会主義以前の課題を解決するために社会主義的諸方法をとること」(82)である。ところが、その「社会主義的諸方法」とは、すでに見てきたように、国家的所有、国家経営、国家計画などの国家主義的諸方法にほかならなかった。プロレタリアート独裁や生産手段の国家的所有化の革命性を確信し、国家集権・国家主導の過渡的な体制建設を主張することでは、彼はレーニンに勝るとも劣らなかった。

「複合的発展の法則」の見地からすれば、ソヴェト国家が主導する工業化も、歴史の最新段階と古い段階を合成していて、ツアーリズムによる上からの資本主義化の継承という面を合わせ持っていた。にもかかわらず、トロツキーは、通俗的マルクス主義の国家主導主義の過渡的方策の公式にとらわれて、国家主義的方法が後進国ロシアの伝来の特質であることを没却してしまい、それを社会主義的方法と錯覚している。

スターリンは、レーニンの「プロレタリアート独裁の体系」を継承し、厳格な中央集権と規律に貫かれた、前衛党による全般的な国家主導主義を社会のあらゆる面に徹底化した。更に、かの「上からの革命」、「国家権力の発意によって上からおこなわれた」(83)工業化や農業の集団化において、国家主義的方法を巨大な暴力的手段を交えて極限化した。のみならず、国家主義体制の出現を社会主義社会への到達として擬制した。

この歴史的過程で決定的であったのは、到達目標は社会化であり国家の消滅であるが、そこにいたる過程としてまずは国家化する、象徴的に生産手段を国家的所有にするという、ボリシェヴィキの過渡期建設の基本路線であった。そのかぎり、レーニンもトロツキーも、そしてスターリンも、国家主義的方法を社会主義的方法だと信じこんで、(革命的)国家主義をとり、国家主義的に逸脱した体制建設を推進することになった。ここに、問題の核心がある、と言わなければならない。「裏切られた革命」というトロツキーの視座の一面性を批判して言うなら、トロツキーとスターリンの間には、「国家の最大限の強化」を通じて社会主義へというコースでの同一性が所在したのである。

かくして、レーニン、トロツキー、スターリンなどのあいだでの一定の相違を含みながらも、基本的に共有されている過渡的体制建設路線に統導されて、ソヴェト・ロシアは社会主義の方に向かうのではなく、ボリシェヴィキの主観的意向とは別に、国家主義へと転結する客観的過程を辿り進んだ。革命以降二〇年間の波乱にみちた曲折過程を経て、ソ連では、社会が国家を吸収する方位にむかうのではなく、反対に国家が社会を呑み込んでしまい、社会主義ならざる国家主義の体制が構築されるにいたった。

ソヴェト・ロシアが複合的発展のうえで抱えていた三重の課題の遂行は、どのように帰結したか。スターリンの「上からの革命」によって、①高度工業化は一応達成された。だが、それは同時に体制の国家主義的奇形化の加速度的進行でもあった。のみならず、②民主化は果たされず、民主主義は完全に息の根をとめられた。そして、③社会主義化は、逆進して、決定的に国家主義化した。

その「上からの革命」により築かれたソ連の体制について、トロツキーは、これまでは注目されることがなかったが、「ソヴェトの国家は全体主義的・官僚主義的性格をおびるにいたった」(84)と述べ、「全体主義体制」(85)とも規定している。関連する論述から取り出すと、「全体主義体制」は、一党支配制、「官僚絶対主義」、「スターリン神格化」(86)、「マルクス主義が正式に国定の教義となっている」(87)、「恐怖と虚偽と阿諛」(88)などによって特徴づけられている。つまり、党＝国家官僚専制で、神格化された最高指導者を頂点にして、あらゆる面にわたって一枚岩的主義的に編成された構造をさしていると言えよう。

「全体主義体制」は、ソ連の体制の影の面に留目した規定と理解される。トロツキーによる「ソ連とはなにか」の考察自体、「官僚独裁に堕落した労働者国家」論を主としつつ、従として「全体主義体制」論を含んでいるのである。トロツキーのソ連論の矛盾的な二重性はここにも及んでいる。

トロツキーは、ヒトラーの体制とスターリンの体制について、「分解しつつある資本主義の防衛の最後の、実をいえば絶望的な形態」と「建設途上にある社会主義の防衛の官僚的変形」(89)として区別しながら、深刻な危機に直面して「全体主義」化した体制として、双方の同一性に着目している。「スターリン主義とファシズムは社会的基盤の大きな相違にもかかわらず、……

多くの面で酷似している」[90]。しかも、「〔ソ連〕体制はドイツからその言葉がやってくる何年かまえに『全体主義』の性格をおびるにいたった」[91]。

一九三〇年代は、二〇世紀の歴史の一大転換の年代であった。ソ連での「上からの革命」およびスターリン主義体制の確立と時を同じくして、資本主義世界は一九二九年に勃発した大恐慌によって深刻な危機に陥り、欧米諸国は国家介入主義の独占資本主義体制へと変容をとげた。これを、トロツキーは「資本主義的エタテイスム」と把握したのであった。この歴史の流れのなかで、ナチスが制覇したドイツはファシズム体制をとり「全体主義体制」を築いた。

トロツキーは「エタティスム」の時代の動向を的確に把握している。国家化が、当代の世界史の顕著なる特徴であった。ソ連は、この国家化の時代的趨勢の先端を切り、さしあたり時代の流れに乗ることになった。ところが、ソ連の国家化は、過剰なる国家化、つまり「全体主義」化であった。その「全体主義」化において、ソ連はドイツに先んじた。それだけでなく、スターリン主義体制のソ連は、ナチ党に加えて独占資本家階級、軍部、官僚のポリクラシーという権力支配構造をなしたファシズム・ドイツ以上に一枚岩主義的であり全体主義的であった。

こうした「全体主義体制」規定において、トロツキーは、「堕落した労働者国家」説にもまして、一九二九―三三年の「上からの革命」をつうじて更に格段に国家主義化し、社会主義への過渡的体制が国家主義的に変異したソ連の実像に迫っていると評価することができる。

全体主義論は、第二次大戦後の米ソ冷戦の時期に西側諸国で有力な理論潮流になるが、わが国では、ファシズムとソ連（特にスターリン主義体制）を全体主義として一まとめにするのは反共主義だと一蹴されがちであった。トロツキーの先駆的な「全体主義体制」論は、全体主義論の見直しを促しているとともに、ソ連とはなにかの考察に新たな一面を加えよう。また、帝国主義に対してソ連を無条件に擁護するというトロツキーの主張は、ソ連が堕落しているとはいえ労働者国家であればまだしも、ソ連が「全体主義体制」だとすると、そうはいかないだろう。

最後に、本節の初めに設定した課題に立ち返ろう。

エンゲルスは、革命運動の歴史的経験を踏まえつつ、遂行された革命の結果が当初遂行しようと意図していた革命とは似ても似つかないものになる事態を、「歴史のイロニー」(92)と呼びあらわしている。しかも、その際、代表的事例としてエンゲルスが推定したのは、ほかならぬロシアその国であった。ロシア革命からスターリン主義体制の形成へいたる過程は、史上最大の部類に属する「歴史のイロニー」と言えよう。

ソヴェト・ロシアでの社会主義を目指しての過渡期建設が国家主義体制、もしくは「全体主義体制」の造出へと転結したのは、種々様々な条件、要因の絡みあいによるのであった。革命と建設の一国的孤立、全般的な後進性などの苛烈な客観的諸条件は言うまでもないが、それに加えて、生産手段の国家的所有化とプロレタリアート独裁を基柱にしたソヴェト・マルクス主義の革命と建設の路線そのものが、目的と手段の分裂、背離をきたす主体的な要因をなしていた。ソヴェト・ロシアを見舞ったのは、革命党ボリシェヴィキの社会主義への過渡期建設の理論と実践に所在する錯誤を主体的な要因にした「歴史のイロニー」であった。

ただ、プロレタリア革命の後、まずは生産手段を国家的所有化するなどして、革命国家主導で過渡的な建設に踏みだしていくという路線は、前世紀来、マルクス主義の公式として広く罷り通っていた。それにとどまらない。二〇世紀においてマルクス主義と分岐し対立した社会民主主義も、生産手段の国家的所有化ということでは、共通していた。近・現代の社会主義、共産主義の歴史を振り返ると、既存国家か革命国家か、またその活用の範域いかんに関して対立しながらも、国家権力に依拠して国家の統制、管理により体制の変革を推進せんとする思想、運動が有力な流れをかたちづくってきたことに気付く。その意味では、国家主義的方法を社会主義的方法とする錯誤は、ボリシェヴィキだけの過ちではない。だが、ソ連での社会主義への過渡的体制建設の破綻の背後に横たわっている、もっと根の深い歴史的諸事情を探るのは、別の機会に回さざるをえない。

［註］

（1）プレハーノフやメンシェヴィキなどをも含めたロシア・マルクス主義の諸潮流のなかで、ソヴェト・ロシア建設を推進した潮流を指す。レーニンをはじめ、トロツキー、ブハーリン、スターリン等々、それぞれに個性的特徴をもつマルクス主義者に共通する基本的な理論と実践から成る。

(2) スターリン「ソ同盟憲法草案について」、『日本版　レーニン主義の諸問題』、六三〇頁。
(3) トロツキー『裏切られた革命』、二九四頁。但し、訳文は一部変更。
(4) 同右、七〇頁。
(5) 同右、三一八頁。
(6) 同右、三一九頁。
(7) 同右。
(8) 同右、三一五頁。
(9) 同右、三一八頁。「体制が資本主義的に変質する危険」(『資本主義と社会主義』、五一頁)、「資本主義につき戻される危険」(『ロシア革命史』、第六分冊、二三三頁) など、トロツキーは、ソ連の資本主義への逆戻りの危険性について一貫して認識し警戒していた。
(10) 『裏切られた革命』、一六頁。
(11) トロツキー「労働者国家、テルミドール、ボナパルティズム」、『トロツキー著作集　10』(矢崎潤訳、拓植書房)、五三頁。
(12) トロツキー「ロシアの実情と共産党の諸任務 (合同反対派政綱)」、一六六頁。
(13) トロツキー「ソ同盟の発展の諸問題」(西島栄訳)、トロツキー研究所『トロツキー研究』第四号、八一頁。
(14) 『裏切られた革命』、二九七頁。
(15) 同右、二九八頁。第4章の註 (30) で取りあげた национализация は、それが体制的に制度化されたものとして、『裏切られた革命』では、各所で государственная собственность として概念的に表現されている。この点からも национализация が内容的に国家的所有化を意味していることを確認できる。

(16) 同右、二七四頁。

(17) トロツキーは、労働者国家的所有をなによりの根拠として、ソ連を肯定的に評価してやまなかっただけではない。後に、「被占領地域における財産の国有化がそれ自体としては進歩的である」(「戦争におけるソ連邦」、『トロツキー著作集 1』、酒井与七訳、柘植書房、一八一―一八二頁)という見地から、ナチス・ドイツの侵攻に呼応するソ連軍のポーランド占領を、ある面では追認しさえする。

(18) 「労働者国家、テルミドール、ボナパルティズム」、六六頁。

(19) 『裏切られた革命』、一三頁。

(20) 「労働者国家、テルミドール、ボナパルティズム」、五四頁。

(21) トロツキー『テロリズムと共産主義』、二一五頁。

(22) 「労働者国家、テルミドール、ボナパルテイズム」、六二頁。

(23) 『裏切られた革命』、一七六頁。

(24) 同右、七五頁。

(25) 同右、三三九頁。

(26) レーニン「労働組合について、現在の情勢について、トロツキーの誤りについて」、第三二巻、九頁。

(27) 『裏切られた革命』、一一七頁。

(28) 『テロリズムと共産主義』、二一四頁。

(29) トロツキー「ソ連の防衛と反対派」、『トロツキー選集 9 ソヴィエト国家論』(立川美彦他訳、現代思潮社)、二九頁。

(30)「労働者国家、テルミドール、ボナパルティズム」、四九頁。
(31)『裏切られた革命』、一三九頁。
(32)同右、一一七頁。
(33)同右、一二五頁。
(34)「ソ連の防衛と反対派」、三六頁。
(35)同右、二九頁。
(36)トロツキー『一九〇五年』、五七頁。『ロシア革命史』、第六分冊、二七二頁。
(37)『裏切られた革命』、一二七頁。
(38)同右、一二九頁。
(39)同右。他政党の禁止をめぐってのトロツキーの主張は、ドイツでナチスが勝利し共産党、コミンテルンが無惨な敗北を喫した一九三三年を境に大きく転換した。それまでは、一九二七年の合同反対派政綱に見られるように、共産党一党制を護持し続けた。「われわれ反対派は、第二の党を創生しようとする試みはたとえどんなものでもすべて無条件に断罪する。……われわれは、二つの党の結成に反対して全勢力をあげて闘争するであろう。何故ならば、プロレタリアートの独裁がまさにその核心として単一のプロレタリア党を要求しているからである」(『ロシアの実情と共産党の諸任務(合同反対派政綱)』、『トロツキー選集　補巻3　ソヴィエト経済の諸問題』、二八三―二八四頁)。だが、一九三三年のドイツでのヒトラーの勝利と共産党の崩壊を転機にして、この年のうちに、「ドイツにおいて新しい党の結成」(「ドイツ共産党か新党か」、『トロツキー著作集　13』、水谷驍訳、柘植書房、二五六頁)を呼びかけ、続いてコミンテルンに代わる新しいインターナショナルの必要を宣言し、「ソ連邦内部における新しい党」(「ソヴェト国家の階級的性格」、『トロツキー著作集　11』、水谷驍訳、拓植書房、一四八頁）の結成に踏みだした。こうして、『裏切られた革命』においては、一九二一年時の反対諸政党の禁圧を一時的な自衛措置として省みるにいたっているのだが、その場合、自由を認められる政党は「ソヴェト諸党」に限定され、反ソヴェト諸党は除外されていることに注意する必要がある。

(40) 同右、三三七頁。

(41) トロツキー「社会主義革命の視点から見たソヴェト・ロシアの経済状態」、『社会主義と市場経済』、七八頁。その他に、「クロンシュタットの挿話においても、マフノとの闘いにおいても、われわれは農民反革命からプロレタリア革命を守ったのである」（「スペインの教訓」、『トロツキー選集 8 スペイン革命と人民戦線』、清水幾太郎・澤五郎訳、現代思潮社、三〇二頁）。「クロンシュタットの反乱は反革命的性格を帯びていた」（「クロンシュタットをめぐる大さわぎ」、『トロツキー著作集 6』、二四七頁）。

(42) 『裏切られた革命』、六一頁。

(43) 同右。

(44) 同右、二二頁。

(45) 同右、五八頁。

(46) スターリン「ソ同盟憲法草案について」、六三九頁。

(47) 『裏切られた革命』、三六〇頁。

(48) 同右、三五九頁。

(49) 同右、三二三頁。

(50) 同右、三六〇頁。

(51) 同右。
(52) 同右、三一一―三一二頁。
(53) トロツキー「ソヴェト国家の階級的性格」、一四四頁。
(54) 『裏切られた革命』、三一一頁。
(55) 同右、三一二頁。
(56) 「ソヴェト国家の階級的性格」、一四四頁。
(57) 『裏切られた革命』、三一三頁。
(58) 同右、三八八頁。
(59) 「ソヴェト国家の階級的性格」、一四二頁。
(60) 『裏切られた革命』、三一二頁。
(61) 同右。
(62) 同右、一七九頁。
(63) 同右、一七七、三一六、三四二、三四五頁。
(64) トロツキー「戦争におけるソ連邦」、一六四頁。
(65) 同右。
(66) 『裏切られた革命』、三一二頁。
(67) 同右、六五頁。
(68) 「ソヴェト国家の階級的性格」、一四四頁。
(69) 「戦争におけるソ連邦」、一六四頁。
(70) 同右、一六一頁。

(71)「労働者国家、テルミドール、ボナパルティズム」、六三頁。
(72)『裏切られた革命』、三五六頁。
(73)同右、三四七頁。
(74)拙著『マルクス、エンゲルスの国家論』、「第五章　マルクスのフランス第二帝制・ボナパルテイズム論」を参照いただきたい。
(75)『裏切られた革命』、三一〇頁。
(76)同右。
(77)トロツキー「資本主義の死に苦悶と第四インターナショナルの任務――過渡的綱領」、『トロツキー著作集　3』（中野潔訳、柘植書房）、二三八頁。
(78)「ソ連の防衛と反対派」、六二頁。
(79)レーニン「労働組合について、現在の情勢について、トロツキーの誤りについて」、二頁。
(80)レーニン「わが革命について」、第三三巻、四九九―五〇〇頁。
(81)拙著『国家と民主主義』、第四章の「三　ネップの導入と政治の逆改革」参照。
(82)『裏切られた革命』、八二頁。
(83)スターリン『ソヴェート同盟共産党（ボルシェヴィキ）史』、『スターリン全集』、第一五巻、中城龍雄訳、真理社、一九五〇年、三四三頁。
(84)『裏切られた革命』、一四二―一四三頁。
(85)同右、三九八頁。
(86)同右、三四六頁。
(87)同右、二三二頁。

(88)　同右、三四四頁。
(89)　トロツキー「『テロリズムと共産主義』英語第二版への序文」、三〇頁。
(90)　『裏切られた革命』、三四七―三四八頁。
(91)　同右、一三三頁。
(92)　エンゲルスからザスーリチへ、一八八五年四月二三日付けの手紙、第三六巻、二七四頁。

エピローグ　二〇世紀社会主義の挑戦と破綻

二〇世紀社会主義の歴史の上での最大の出来事は、世界を揺るがせたロシア革命後のソ連で、社会主義を公称するスターリン主義体制が形成されたこと、そして世紀末にいたってソ連の体制そのものがあっけなく崩壊したことであろう。そこで、二〇世紀社会主義を主導したソヴェト・マルクス主義に焦点を絞り、一　二〇世紀社会主義の歴史的規定、二　ロシア革命の再審、三　一九三〇年代に築かれたソ連「社会主義」とはなんだったのか、四　破綻の諸要因、といった最重要テーマについて、先行の卓越した研究業績に学びそれを検討に付しながら、二〇世紀社会主義の意味を問い直すことにする。

一　二〇世紀社会主義の歴史的規定

つい先頃までは、二〇世紀現代をロシア革命を起点とする資本主義から社会主義への人類史的移行の始まりの時代だとする規定が、マルクス主義的左翼のあいだでは公式的な通念であった。ところが、世紀末に東欧諸国とソ連で生起した衝撃的事件に直面して、資本主義体制の全般的危機の段階的深化というイデオロギーが破産をあらわにしたのとあわせて、この公式的見解も立ち枯れになってしまった。

現在では、二〇世紀の世界史的把握として、「戦争と革命の世紀」や「世界戦争の時代」という規定が有力であり汎用されている。

「戦争と革命の世紀」という規定は、確かに、第一次世界大戦とロシア革命、第二次世界大戦と中国革命、植民地や従属国諸国の民族解放独立革命、更にヴェトナム戦争とヴェトナム革命、等々、戦争とそれに連動した革命という今世紀の重要な歴史的特徴を捉えている。しかし、戦争と不可分の関係の革命は、戦争によって泥沼的危機に陥った諸国、つまり強大な先進資本主義国ではなく弱体で後進的な国で起こり、戦時体制を継ぎ戦争によって倍加された難問に逢着して、新たな社会体制の建設となると成功を収めるにいたらなかったという事実を押さえきれていない。それに、その革命の後退や変質、そして遂には世紀末におけるロシアなどでの革命の取り消しを含みいれていない。二〇世紀は、革命の世紀というより、むしろ社会主義建設を目指した革命の失敗の世紀であった。こうした点で、この規定は資本主義から社会主義への世界史的移行の時代という規定と共通する難点をもっている。

それに比べると、「世界戦争の時代」という規定は、より一般的で客観的な性格を有する。和田春樹は以前から、現代史の起点を第一次世界大戦に求めるか、ロシア革命に求めるかに関しては前者の説をとり、そうした見地で米ソの東西冷戦を含めた三次にわたる世界戦争の時代として現代史を把握してきた(1)。それでも、幾つかの難点を指摘できる。

第一に、米ソ冷戦期をどう捉えるかについて、第三次のそれとして世界戦争の時期に数え入れるのには疑問がある。米ソの軍事的対決の緊張が高まり、世界全体が核戦争による破滅の悪夢に脅かされたのは、紛う方ないが、現実の戦争にはいたらなかったからである。それに関連して、第二に、「戦争と革命の世紀」と同じように、世紀前半に偏った規定ではないかということがある。第三には、第一次大戦はドイツ対イギリスを対抗基軸として戦われた。第二次大戦でもその性格はなお強いものがあった。アメリカ合衆国は、参戦によって二度の世界大戦の勝敗を決する重大な影響を与えたとはいえ、大戦自体の主導国ではなかった。他方、今世紀は言うまでもなく「アメリカの世紀」であった。「世界戦争の時代」の規定は、アメリカニズムの世界制覇とパクス・アメリカーナという二〇世紀の歴史の特徴的現実とずれている。要するに、今世紀最大最強の資本主義国アメリカ合衆国をもっと中心に組み入れて、二〇世紀現代の世界史的規定を行うべきではないだろうか。第四として更にもう一点を、後の方で述べる。

いま取り上げた二つの規定とも二〇世紀の歴史の重要な一面を表わしているし、二〇世紀の世界史の全体的把握としては幾つもの規定が可能であり必要でもあろう。そのなかでも第一義的な基本的規定としては何が最もふさわしいかということを、ここでは問題にしている。

二〇世紀は、その前半については、世界戦争の時代であり、資本主義世界の半周辺部ならびに周辺部での革命をともなった時代でもあると規定されるとしても、その後半は、かつてない重軍備の時代であったのも事実だが、むしろ世界的規模での戦争によらずとも、平時において、自動車・電機産業を基軸にして、また後続のＭＥ＝情報革命によって、資本主義世界の中枢部で「豊かな社会」の実現を可能にしたことで特徴づけられるのではないかと思われる。

そして、中枢部での第二次、第三次の産業革命による空前の経済的高度成長（大量生産・大量消費・大量廃棄）、それにともなう地球的規模での乱開発、環境破壊に止目して、二〇世紀を「大開発の世紀」と規定することもできる。

本稿では、その前半、後半を通して、アメリカ合衆国を最中枢とする資本主義世界システムの前代未聞の経済的膨張、加えて二度にわたる世界戦争とそれらを挟んで第三の波にまで及んだ政治的民主化を最も重要な動因として捉えて、二〇世紀の世界史を資本主義世界システムの爛熟の時代と規定しよう。付随して、この資本主義世界システムの爛熟の時代は、経済と絡まりあって政治が果たす役割が著しく増大する政治化の時代でもあった。その政治面について、国家化の時代と規定する。国家化の主要な様相は、① 総力戦の主役、つまり戦争国家、② 経済過程への積極的で構造的な介入、③ 世界市場への統合の中で国家利益を優先させる主権国家化の波（諸民族の独立国家の数は二〇世紀のあいだに三倍以上になった）、等である。

I・ウォーラースティンが論じるように(2)、資本主義世界システムに対抗して、主要には二つの反システム運動が存在してきた。社会主義とナショナリズムである。ナショナリズムは、まさしく民族ごとに種々様々な姿をとり、相互に激しく対抗しながら、民族の独立運動がかつてなく発展し高揚した二〇世紀をとおして猛威をふるった。他方、二〇世紀社会主義は、ナショナリズムをこえた国際主義を本義として謳いながらも、ナショナリズムを脱しえないまま、大きくコミュニズムあるいはマルクス主義的社会主義と社会民主主義とに分裂し対立してきた。

ロシア革命に始まってソ連の崩壊で終ったソヴェト・マルクス主義を主題にして、二〇世紀社会主義を捉えると、資本主義世界システムの東方の半周辺部、周辺部のロシアや中国で革命を実現したものの、新体制建設で破綻した世紀と規定される。ここでは論じないが、資本主義世界システムの中枢部での社会民主主義を視軸にすれば、これとは違った別の規定が必要である。

ロシア革命は世界中に衝撃を与えたし、社会主義の高遠な目標を掲げたソヴェト・ロシアの史上初の大いなる挑戦は、帝国主義諸列強に真っ向から対立して敢行され、世界各国は、ロシアの革命と新社会・国家建設に対応した政策をとることを多かれ少なかれ余儀なくされた。その後ソ連は、スターリンのもとで「社会主義」社会を資本主義社会への対抗システムとして建設し、第二次大戦後には東欧諸国を勢力圏におさめて「社会主義」陣営を領導する世界の超大国としての地位を占めるまでにいたった。

しかしながら、東欧諸国や中国は勿論、ソ連でさえ、アメリカと西ヨーロッパ諸国との間に、経済的、政治的発展の著しい格差を背負っていた。それに、後述するように、ロシア革命は根本的な諸矛盾や重大な歪みを内包していたし、一九三〇年代に建設されたソ連「社会主義」体制は甚だしくいびつであって内発的な継続的発展が可能なシステムではなかった。ソ連は、アメリカに追いつくことを公式の目標として打ちだし、しかもその追いつき現代化をついにはたしえなかったことに象徴されるように、資本主義を超克したシステムではなく、資本主義世界システムの内部での対抗的サブ・システムにとどまった。

ここで、「世界戦争の時代」という規定についての難点を付加する。和田は、「世界戦争の時代」としての二〇世紀における社会主義を戦時社会主義として特質づける。ソ連の体制が第一次大戦、内戦・干渉戦、第二次大戦、それに冷戦という戦争の連続のなかで、戦時体制の常態化という性格を強く帯びていたというのは、的確な指摘だと言える。ただ、そうした二〇世紀社会主義の歴史的規定と二〇世紀の世界史的規定とは、もっと区別され分化される必要があるだろう。和田説では、双方が一体化されすぎている（前者の規定に後者の規定が引き摺られている）と思う。

一九世紀初頭に出現して以来、反システム運動としての社会主義は、着実に発達を遂げ力を強めてきた。とりわけ一九世紀末以来影響を広めたマルクス主義的社会主義は、二〇世紀にいたって、ロシアで、次いで中国で革命運動として躍出し、脆弱な旧支配権力の革命的突破に成功した。しかし、反システム運動からシステムへの発展転化に挑戦して、ソ連では失敗し、スターリン主義的に後退し頽落しさえした。現在なお紆余曲折のさなかにある中国でも、国際的条件が一変して資本主義世界システムの中枢部での革命的変動と結びつきあうことがなければ、社会主義システムの創出に辿り着くのは不可能であるにちがいない。

相関して、他方での資本主義経済と国民国家は、幾度かの危機に陥りながら、柔軟な修復力を発揚して、世界システムとして爛熟し、反システムの思想・運動をあるいは封殺しあるいは包摂しながら、前世紀のマルクス主義の始祖達はもとより二〇世紀の多くの思想家達の予測をはるかに越える、強靭な発展力を保持してきた。

いったいに反体制の思想・運動の体制的制度化は革命的な飛躍の達成であり、その思想・運動の現実変革性と歴史的真実性がそこで決定的に試されるとすれば、二〇世紀のマルクス主義的社会主義はテストに不合格であった。フランス大革命の勝利は、半世紀後の一八四八年二月革命によって確定され、四分の三世紀後に第三共和制への進行により最終的に決定した。しかるに、ロシア革命の勝利は、半世紀を経ても不確実な軌道にあり、四分の三世紀後には烏有に帰することになった。

一九九一年の衝撃的なソ連の体制倒壊は、レーニン主義を筆頭としたソヴェト・マルクス主義の水準をもってしては、近・現代資本主義世界を変革し超出しえないことを、否定しえない確証的事実として明らかにしたのである。

けれども、蹉跌と頽落の経験から徹底して教訓を学びとり、新たな前進に転じることができれば、停迷や過誤や逆行を帯同した、社会主義への過渡的建設の最初期の試行錯誤的過程として、二〇世紀社会主義は歴史的に規定されることになるだろう。

二　ロシア革命の再審

ロシア革命は、資本主義世界システムの半周辺部においてであれ、一国の資本主義体制を覆えし社会主義体制を目指す新社会・国家を史上初めて生み出したという点で、消し去ることのできない第一歩を印した。その衝撃は全世界を駆けめぐり、各国のブルジョア階級を震撼させるとともに、特に東欧やアジアの諸国の労働者、農民の解放闘争を鼓舞し、今世紀の歴史の進展に巨大な影響を及ぼした。

その後、ロシア革命はプロレタリア革命のモデルとして美化される経過を辿ったが、今日的に省みると、二〇世紀の始期の後進資本主義国ロシアにおける革命としての個性的特質につらぬかれていた。

現在はロシア革命についても再審が進行する途上にある。再検討されるべき大きな問題の一つは、一〇月革命は時機尚早の革命だったか、ということであろう。それに関連して、一〇月の権力掌握をレーニン派のクーデターとする説もあらためて浮上している。わが国でも、「一〇月革命とは……二月革命によって成立した連合政権をテロリズムによって打倒しようとする共産党領導の軍事クーデターではなかったか」[3]との主張がなされている。

一〇月革命は、後進的なロシアの国内的諸条件からすれば、時機尚早であったのは確かであった。そのうえ、長期化する戦争により国力は疲弊しきっていた。権力を獲得できたとしても、社会主義への移行の過渡的措置のための最小限度の条件の存在さえ疑わしかった。しかし、ロシアは、第一次世界大戦という資本主義世界システムの諸矛盾の重圧を結節していて、ツァーリズム専制権力は自壊状態に陥って崩落し、二月革命後の臨時政府もブルジョア民主主義革命としてはたすべき焦眉の諸任務すら遂行することができなかった。その一方、当時のロシアの労働者、農民、兵士の大衆がおかれていた窮状は、深刻化するばかりであった。民衆が望んでいたのは、直接には「平和と土地とパン」であって社会主義ではなかったといえ、西ヨーロッパ諸国での革命的変動を観望しながら、社会主義を志向する革命によって進歩の道への出口を求めるのも、選択しうる一つの進路であったのは否定しがたいだろう。こうした諸般の事情の複合のなかで一〇月革命は起きた。

ただ、一〇月の権力奪取を導いたレーニンは、戦争をかえって革命の好機と捉えていたし、後進国であるとはいえロシアも独占資本主義、帝国主義の段階へ突入していることと、プロレタリアートと貧農の独裁を担うソヴェトの存立とによって、社会主義革命の客観的、主体的、いずれの条件も熟していると判断した。そして、帝国主義世界戦争下の西ヨーロッパでの革命の後続をも見込んで、一九一七年九月には、社会主義革命についての時機尚早説を一蹴した。「現在、『時機尚早』ということはありえない。これは、百万に一つも間違いのないことである」(4)。その場合、革命的要素を過大視する誤認や判断ミスが幾つも含まれていたし、エンゲルスが考察した時機尚早の革命行動に避けられない悲劇のことはまったく眼中になかった。

とはいえ、激変する歴史的現実のただなかで運命を実践的に切り開かんとする場面にあって、そこに事後的に省みた場合の理論的な不備が所在するのは避けがたい。一八七一年のパリ・コミューンの反乱を典例として挙げるまでもなく、所与の時代と諸条件、状況、今後の展望についての間違いない把握と判断に基づかなければ、新たな時代を創りだす革命的挑戦は認められない、というものではないだろう。一〇月革命に、時機尚早の権力奪取や、ボリシェヴィキのクーデターという側面がなかったわけではないが、従前の全面肯定もそれから一転しての清算主義的な割り切りも却けて、一〇月革命やその後の建設の過程に内在しつつ、そのありかたを問い歴史的教訓を引き出すという立場をとりたい。

ここでは、狭く一〇月革命だけではなく、一九一七年二月革命に始まって、内戦・干渉戦が終結し、全国的に権力を打ちたてたソヴェト政府がネップの採用による新体制に建設に踏み出す二一年始めまでを、一まとまりのロシア革命として捉える――いわゆる戦時共産主義期は、反革命と激突して死に物狂いの革命の渦中の局面として位置づける――ことにして、このロシア革命に内蔵されていた問題性を明らかにすることに努める。

和田春樹は、すでに早くから、フランス・ブルジョア革命に関するG・ルフェーブルの複合革命論を適用し、ロシア革命を「それぞれ自主的な農民革命と民族革命に助けられた労働者・兵士の革命」と捉えていた。(5) その論を継いで展開を試みると、労働者・兵士の革命、農民革命、民族革命の複合から成るロシア革命は、深い根本的な諸矛盾を内包していた。

第一に、労働者・兵士の革命は、一〇月革命以降、「ボリシェヴィキ革命」という性格を帯び、流血の内戦・干渉戦、荒廃、工場の倒壊、飢饉といった非常事態が打ち続くなかで、そもそも国民的少数勢力であった労働者階級は多くの命を奪われ離散する階級脱落過程に見舞われて半ば消滅し、前衛党ボリシェヴィキによる労働者大衆の代意・代行が強まっていった。プロレタリアート独裁は党独裁に転化した。労働者・兵士の革命とボリシェヴィキ革命の離間、対立は広がってゆき、一九二一年ともなるとモスクワやペトログラードでの労働者の騒擾やストライキ、クロンシュタットでの兵士の叛乱が続出した。

第二に、農民革命と労働者革命の間にも、根本的な対立的矛盾が存在していた。農村で農民大衆が立ちあがって地主的土地所有を一掃した土地革命は、ボリシェヴィキの土地綱領ではなくエスエルの土地綱領にそって達成された。その結果もたらされたのは、土地所有の著しい平準化であり古来の農民共同体の復活強化であった。農民大衆が闘いとった土地革命は、オプシチーナを基体とした、農戸単位の土地の均分主義的再配分、均等主義的な総割替・利用を内実としたもので、その歴史的性格は、反封建的にして反資本主義的であるだけでなくボリシェヴィキ流の社会主義とも背反的であった。

農民革命と労働者革命は、ロシア資本主義とツァーリズムの打倒において提携し同盟関係を結んだものの、エスエルの農民社会主義、土地社会化、ボリシェヴィキの労働者社会主義、土地国家化に象徴されるように、異質的原理に立ち対抗関係を有していた。スムイチカのパートナー達が進もうとする道は、別個であり方向が相異なっていた。反革命勢力に対する共同闘争の反面で、両者の相克が現出した。労働者階級を代表するボリシェヴィキ政権の食糧独裁令による食糧の強制的徴発は農民達の強い抵抗にあったし、農村での政策の展開を図った貧農委員会の活動は挫折した。内戦での勝利が見えてきた一九二〇年には、マフノの叛乱、緑の叛乱、アントーノフの叛乱等の大規模な叛乱とそれらへの軍事的制圧として、対立は爆発した。この大危機を収拾すべくボリシェヴィキ政権は翌年からネップへと転換し、農民への譲歩、労農同盟の再構築がおこなわれた。

この農民革命と労働者革命の対立的矛盾は、一九二九年からの農業の全面的集団化による農民革命の覆滅で、「解決」されるにいたる。

第三に、民族革命についても、ロシア民族と他の諸民族の間に深刻な矛盾が存在した。ツァーリズムを崩壊させた二月革命は、東欧を含めて周囲の諸国の民族運動の高まりを呼び起こした。また、ペトログラード・ソヴェトが打ちだした「諸民族の自決を基礎とする無併合・無賠償の講和」を受け継いで、一〇月革命によって誕生したソヴェト政権は「平和についての布告」や「ロシア諸民族の権利の宣言」で、民族自決を中心とする諸原則を更に強固に確立した。一九一八年三月までに、フィンランド、エストニア、リトアニア、ウクライナ、白ロシアなどが相次いで独立を宣言した。

ところが、ロシアとその周辺諸国の間には、厳然たる民族的発展の格差と対立が横たわっていた。周辺諸国の主要都市にロシア人を主力として形成されたソヴェトが、ロシア革命への連携を図った革命に決起する一方で、周辺諸国の民族は、諸民族の牢獄であった旧ロシア帝国の瓦解を機にロシアの支配から離脱しようとする独自の運動を繰り広げ、双方が衝突する事態が生じることになった。その成り行きを決めたのは、ロシアでの内戦の帰趨であった。グルジア問題がレーニンの最後の闘争にかかわって良く知られているが、それ以前に、グルジアは自主的な革命によってソヴェト化を勝ち取ったのではなく、ロシアの赤軍の進撃を決め手としてソヴェト化したのだった。ロシアに次ぐ地位を占めるウクライナの革命でさえ、ロシアの革命遠征軍に依存し、内戦の戦乱での赤軍の勝利にともなってウクライナ・ソヴェト共和国の形成にいたった。

それに、いま一つ、ロシア共産党中央委員会の決定はウクライナなどの各国共産党にたいしても絶対的拘束力を有するという、単一の中央集権制政党としての共産党のあり方によっても、自由な民族自決と諸民族の同権は毀損されざるをえず、空語化することになった。

こうして、旧ロシア帝国の版図を引き継いでソ連の形成へと向かう過程では、ロシアから離反する民族独立の志向は抑止され、民族自決の原則とは裏腹に、大ロシア主義的同化によって革命ロシアと周辺諸国の落差がカヴァーされていった。

レーニンの時代において、これらの諸矛盾をめぐって、どのように自覚され、解決のための取り組みがなされただろうか。第一の労働者・兵士の革命とボリシェヴィキ革命の矛盾に関しては、レーニン自身が前衛党による労働者大衆の代意・代行を当然視し、プロレタリアート独裁の党独裁への転化を容認するにいたっており、構造的に固定化し更に深まる一途にあった。第二の農民革命と労働者革命の矛盾については、ネップへの転換によりさしあたり緩和されたが、レーニンが認識したよりも更に深刻で解決困難な対立が伏在していた。第三のロシア民族と周辺諸国の諸民族の矛盾もまた、構造化した。M・レヴィンの『レーニンの最後の闘争』以来わが国では高い評価が定着した、レーニンの最後の闘争といわれるものは、これらのうち、第三の矛盾に関して、ロシアと周辺諸国の民族的矛盾の拡大深化をいかに食い止め解決するかであった。そのレーニンの最後の闘争が有していた射程、意義は、革命ロシアが直面していた苛烈な問題状況全体を新たな視点から捉え返し、そのなかに置き直してみると、著しく限られたものにすぎなかった。

叙上の構造的諸矛盾の実在に加えて、ロシア革命の嚮導理念に重大なひずみが所在していた。「ロシア革命のあらゆる問題のディレンマの本質［は］『その綱領とそれを実現するために利用しうる手段との組み合わせの不適切さ』にある」(6)。このように、渓内謙はE・H・カーの立論を受けて説いている。ロシア革命における綱領的目的とそれを実現する手段の悲劇的な分裂という、二人の碩学の説論は、ロシア革命史研究の理論的枠組として圧倒的なほどの影響を保ってきた。ロシア革命は、この国の後進性や一国的孤立など、苛烈な現実に直面して、マルクス主義的な社会主義のプランをそれを実現する諸条件を欠いているなかで具現せんとして悪戦苦闘とやむをえざる妥協を強いられ、当初の目途から次々に後退を余儀なくされつつ進行した。目的と手段の矛盾、分裂は確かに現存した。しかしながら、革命の綱領的目的それ自体に所在していた重大な歪みがそれに絡み合っていた。ロシア革命の嚮導理念であったボリシェヴィキの綱領に含まれていた本質的な錯誤が、卓越したロシア革命史研究者によっても察知されることがなかった点に、ソヴェト・マルクス主義の悲劇の深さを見ることもできる。

経済面では、主要産業や土地の国家的所有化という基幹的な路線がそうである。二月革命後、レーニンは社会主義へと踏みこんでいく方途としてすべての土地や銀行、資本家のシンジケートの国家的所有化の方針をかため、一〇月革命に先んじて、ボリシェヴィキは党綱領を改正し全般的な国家所有化政策を定めた。一〇月革命後、一九一八年六月からは、経済的崩壊のなかで、当初の企図以上に急速で徹底した国家的所有化が進んだ。全般的な国家所有化、およびそれに対応する中央集権国家の過渡を経ることなしに社会主義への道は開かれないというのは、レーニン以下すべてのボリシェヴィキの不動の信念であった。国家的所有化が進むほど社会主義社会に接近していくと観念されていた。

ところが、それは錯認なのである。あらゆるとは言わずとも主要な生産手段を国家の手中に移せば、統治権力（機構）に加えて経済権力（機構）をも一手に掌握した国家は前代未聞に強大化する。これは、社会主義への過渡にある社会としては国家主義的歪曲形態にほかならない。

更にそこでは、主観的な意図を超えて目的と手段の弁証法が狡知にたけて作動し、社会主義を目指す過渡期社会が国家主義的に変質していくのは必至である。全般的な国家的所有や国家経営によって巨大国家を出現させた体制は、かの『共産主義派宣言』の表現を借りれば、「自分が呼び出した地下の悪霊をもはや制御できなくなった魔法使いに似ている」(7)。

政治面の綱領では、自由、民主主義に関して構造的歪みがあった。一九一八年一月の「勤労被搾取人民の権利の宣言」ならびに一九一八年憲法を取り上げると、まず、旧支配階級には権利を認めなかった。ソヴェト民主主義は、敵対階級に対しては権利を剥奪し民主主義から除外するのを原則とした。この点ではすでに、一〇月蜂起によって革命政府を樹立すると即座に、ボリシェヴィキによるカデット機関紙『レーチ』、その他の新聞を閉鎖する出版の自由の強権的抑圧が、エスエル左派や一部のボリシェヴィキの反対を押し切って断行されており、言論・出版の自由をめぐっての革命の前途を具示していた。次に、勤労人民にとっても、集団としての人民の権利であり個々人の権利ではなかった。権利は集団主義的に規制され、個人や少数派の権利は封殺された。続いて、更にまた、対国家的権利や先国家的権利を含んでいなかった。一般に権利と国家の関係では、権利本位ではなく国家本位、民権主義でなく国権主義がソヴェト・マルクス主義の思想であった(8)。その他、人身の自由が各種の自由のなかに含まれていないのも、その後の歴史の成り行きからすると、重大な欠陥であった。

一〇月革命は、平和と土地については、ともかくも一旦はこれを与えたが、自由、民主主義については、まったくいびつな形でしかそれを保障しなかった。

政治面では、他にも、レーニンが構想した新しい型の国家、パリ・コミューン型国家について、ロシア革命の厳しい現実と対照される理想主義の証左として高く評価されてきた。しかるに、レーニンが論示したのは、マルクスが描いていた地域自治体が分権的に連合する連邦制のコミューン型国家ではなく、それとは異質の権力統合的で徹底して中央集権主義的な公安委員会型国家にほかならなかった。レーニンは、人民大衆の覚醒、決起を促し尊重する姿勢をとったが、公安委員会型国家システムでは、人民大衆の自発的運動も革命独裁国家のもとに吸引されてしまわざるをえない。

このように、たとえ「それを実現しうる手段」に恵まれ「手段との組み合わせ」が適切におこなわれていたとしても、レーニン、ボリシェヴィキの革命綱領では、生産と所有の全般的な国家化、および自由と民主主義の奇形化による、社会主義とは反対の方位の国家主義の出現が避けられなかったにちがいない。

ロシア革命は、まさしくロシア的な特徴に彩られ、根本的な内部矛盾や歪みを抱えており、解放のなかに抑圧を随伴していた。そうしたロシア革命の性質は、一九一七年に始まった革命の終結点を一九二一年初めのクロンシュタットの叛乱とその鎮定におくと、鮮明に示されることになるだろう。

ところで、社会主義建設のための実践的な前提要件の一つをなす民主主義を視軸にして、ロシア革命を再審すると、どうなるだろうか。ロシア革命は、二月革命、それに農民革命によってブルジョア民主主義革命をなしとげるとともに、一〇月のプロレタリア社会主義革命によってブルジョア民主主義をのりこえた、もっと民主主義的な制度を実現したということが、定説として了解されてきた。しかしながら、ロシア革命はツァーリズム専制を打ち倒して民主主義体制への移行を志向したが、現実には民主主義性に乏しいものに終った。

ブルジョア民主主義的変革については、民族自決、政教分離などで見るべき成果もあったが、最も肝要な課題とされていた議会共和制の創設は、一〇月革命後にやっと生まれでた憲法制定議会が強制的に解散させられて、死産に終った。また農民革命は、ブルジョア民主主義革命というありあわせの観念に押し込められるものではなく、固有の構造と方位からなる自律的な革命であった。総じてブルジョア民主主義革命は、たかだか半ばの遂行にとどまったのだった。

他方、プロレタリア民主主義的変革については、自由主義さえ微弱で国権主義的なほどのロシアの政治的に極度の後進的な土壌にあって、ブルジョア民主主義をとびこえて飛躍を図ったソヴェト民主主義は、「勤労被搾取人民の権利の宣言」にその一端を垣間見たように、政治的な自由、民主主義の畸型化に陥ってしまった。レーニンやボリシェヴィキが掲げ推進したソヴェト民主主義は、プロレタリアート独裁、党独裁と一体をなしていて、自階級内、自党内では民主主義的であっても、対立階級、対立党派に対しては不寛容であって道理に合わない排除や弾圧を惹き起こした。民主主義なしに社会主義はありえないという信条に反して、プロレタリア民主主義革命は流産するほかなかった。
一九一七—二一年のロシア革命は、それに先行した一九〇五年の革命、後続した一九二九—三三年の革命とともに、二〇世紀初葉にロシアが経験した三つの革命のうちの一つであった。とりわけ注目されるべきは、一九一七—二一年の革命と一九二九—三三年の革命のつながりである。

三　一九三〇年代ソ連は何であったか

一九三六年に「基本的に社会主義を実現し、社会主義制度を創建」したとスターリンによって公式に宣言されたソ連の体制が、一体何であったかは、何よりも、一九二九—三三年の急進的工業化と農業の全面的集団化による大転換、スターリンのいわゆる「上からの革命」をどう捉えるかにかかっている。その「上からの革命」の過程と諸結果を渓内謙『スターリン政治体制の成立』をはじめとした、近年の実証的研究の諸業績[10]から学びとることにする。

工業化を課題として（第一次）五ヶ年計画が一九二八年一〇月を起点として策定されていたが、野心的な経済成長を目指して急進的な工業化がこの期間に推進された。それにより顕著な工業的発展がはたされた。当時公表された数値には成功の著しい誇張があり、躍進の度合いを正確に見定めるのは困難だとされているが、割引いて評価しても目に見える成果が収められたのは確かな事実だった。急進的な工業化によって、ソ連は後進的な農業国から脱して工業国へと転じてゆくことになった。だが、重工業偏重の跛行的な工業化であった。それに、実質賃金の低下、賃金格差の拡大、競争への動員などの労働者の犠牲、また農業集団化をつうじて工業化の資金源を収奪された農民の犠牲の上に立つ工業建設であった。

ソ連の経済的急成長とは対照的に、資本主義世界の中枢諸国は大恐慌の巨大な打撃を受けて深刻な危機にあえいでおり、恐慌からの脱却に必死であった。それでもなお、先進資本主義諸国とソ連の間には経済発展に関して甚だしい格差が存在した。ある説によれば、一九三七年の一人当たり国民所得は、一位のアメリカ合衆国を一〇〇とすると、二位イギリス七七・二、二二位の日本は二三・七で、ソ連は世界二四位の一八・四であった。[11]

農業の集団化は、一九二八年初めの穀物調達危機への対応として促進され、二九―三〇年には急激に大々的な規模に拡張せられて、農戸数で集団化率は二八年の一％台が三〇年には一挙に六〇％近くに達した。ところが、その農業集団化は、農民の自発性に基づいて自主的に進められたのではなく、唯一の政党でありスターリンのほぼ完全な支配下におかれるにいたった共産党とその党が独占的に担掌する国家とによって、農民共同体の決定という方式を装い村ぐるみで強制的に断行されたのであった。農民は抵抗し、襲撃や放火、また家畜の大量屠殺、等で激しく反抗したが、それに対しては「クラーク」絶滅に名を借りて容赦ない弾圧が重ねられた。

農業集団化が農村と農民に与えた打撃の苛烈さは、一九三二―三四年に死者一〇〇万人を超す大飢餓が起きたこと、また集団化の時期に一〇〇万戸におよぶ農家が追放されあるいは逃亡したことが如実に物語っている。そして、コルホーズ、ソホーズでの農民は、厳しい穀物調達のなかで収入は僅かであり、労働者と違って社会保障はなく国内旅券も交付されないなど、再版農奴制と称されるような惨めな生活状態におかれた。

一九一七―二一年のロシア革命の終期に激発した労働者革命と農民革命の対立的矛盾は、ネップへの転換によって緩和され、工業の再建を進める都市と共存して農村は農民共同体を中心に自律的な世界をかたちづくってきていた。が、ネップの時代は、工業と農業、労働者と農民の間の矛盾の新たな堆積の過程でもあった。今後の進路をめぐって共産党内での論争が繰り広げられるなかで、スターリンは農業＝農民問題の解決にのりだしたのだった。農業集団化は党と国家による農民への戦争となり、ロシア革命により広汎に再生した農民共同体を終焉させた。ここに、一九一七年に達成された農民革命は覆滅されるにいたった。そして、この農業＝農民問題のスターリン的解決は、農民を無力にし農業を沈滞させて、その影響は後々までずっと続くことになる。

一九二九―三三年の「上からの革命」は、公式にも「最も深刻な革命的変革であり、社会の古い質的状態から新たな質的状態への飛躍であり、その結果において一九一七年一〇月の革命的変革に匹敵した」[12]と表明されたごとく、いま一つのロシア革命を意味した。この革命をつうじてソ連の社会・国家は大きく変容した。

急進的工業化も農業の全面的集団化も、「国家権力の発意によって上からおこなわれた」[13]ことで、全般的な国家主導主義が更に一段と、極限的に高進した。かつてのレーニンの時代の、唯一前衛党が統導する国家による社会の権力主義的編成の隊形、「プロレタリアート独裁の体系」[14]は、いまやスターリンのもとで「一層強力な、社会に対する国家による指導の制度に転化」[15]した。経済構造では、頂点に党＝国家、その下に国家的所有＝経営の企業ならびに集団農場、そして底辺の労働者大衆ならびに農民大衆というピラミッド型の、極度に中央集権主義的に国家化されたシステムが確立した。市場経済は抑圧され、「計画」経済を裏で支えるヤミ経済となった。国家統制と行政的命令によって、「計画」経済が発動し生産、流通、分配の総過程が営まれ循環する機構が成型された。物価、賃金なども、経済の論理よりも政治の論理に左右されるのであった。

それは、国家化の時代にあっても、国家独占資本主義をもしのぎ、限度を超えて国家化した体制であり、社会主義への過渡期経済としては完全な逆構造の体制であった。かかる国家主義的経済システムは、根本的な無理を有するものであって、短期間、一時的には国家権力による強制的動員によって経済的発展を引きだすことができても、長期的には、無駄が多く、企業の効率化や革新の活力を欠き内発的発展のエネルギーを内蔵していないがために、経済的停滞に陥ることが避けられない。

また、この工業化、農業集団化は、民主化をもたらさなかった。反対に、共産党が労働者、農民の大衆になり代わってその意志を決定しかつそれを遂行する、また、党組織と国家機構の各段階においてそれぞれの上部機関が下部機関の権力を代意し代行するというソヴェト代表制が煮つめられて、権力を集中的に独占するスターリンを頂点とした、党＝国家官僚の永続独裁＝専制が築かれた。ソヴェト民主主義は、対立階級の自由の剥奪による階級内民主主義から反対政党の自由の剥奪による党内民主主義への縮退、更に党内反対派の権利の封殺の諸過程を経て、スターリン（派）のグロテスクな専制を偽装する用語と化してしまった。前世紀末にエンゲルスは、ロシアの「東洋的専制政治」について農民共同体を「自然発生的基礎」と見做した。ところが、その農民共同体が解体されたソ連で、「マルクス＝レーニン主義」で虚飾された新版の「東洋的専制政治」が出現することになった。

ほのかに明るい要素もあった。一例として、文化の面で大規模な識字運動が展開され、一〇歳をとると一九三二年に約六三％に達し、識字率は大幅に上昇した。一九三四年には義務教育制が導入された。

社会の階層構成については、富田武の最近の研究書『スターリニズムの統治構造』での分析によると、ソ連社会は大別して四階層、すなわちノメンクラトゥーラ（党・国家幹部、将校、経営・技術の専門家、文化人等）、労働者、農民、ラーゲリ囚人および農業集団化により追放された特別移住者、によって構成されるにいたった。

かくして、一九二九―三三年の革命は、逆革命というべきものであった。社会主義への過渡期にあった、と言っても過渡期の初発段階にあり諸々矛盾や歪みを抱え国家主義的逸脱状態にあった、ソ連の社会・国家は、この第三のロシア革命によって左前方へと飛躍したのではなく、右斜め後方へと滑落した。

上からの革命として、歴史上、一八六七―七一年のドイツ、一八六八―九〇年の日本のブルジョア革命が代表例として存在するが、それらと異なるスターリンの「上からの革命」の特異性は、なによりも一九一七―二一年の労働者・兵士・農民の革命に対する革命の逆方位性、逆革命性にあった。すぐ後、一九三三―三四年のヒトラーとナチスの「国民革命」と称した擬似革命とも対質して、この革命の特質の分析を深めていく必要がある。

ソ連史の分水嶺であった「上からの革命」以降の過程について特に止目したいのは、大テロルとグラーグ・システムである。

大テロルについては、一九三七―三八年の犠牲者は二〇〇万人強、そのうち約一〇〇万人が銃殺されるか、拷問で命を落としたと計算されている。強制的な集団農場化によって活力や経営の才のある農民が一掃されたのに続いて、大規模な国家的テロルをつうじて、党内の旧反対派だけでなくスターリンに忠実だった部下達を含め、共産党や軍の意識的な活動家が根絶されていった。こうしたテロルは、実は一九一七―二一年のロシア革命のなかでのメンシェヴィキやエスエル両派、アナーキスト達などの他党派の撲滅に端を発していたのだったが、爾来、活動的な人材の粛清や自主的な精神の圧殺は次から次へと広がって、大テロルにおいて極点に達したのであった。これは、やがて生産関係が生産力の発展の桎梏となり一世代後には経済的、社会的行き詰まりを招く主体的な要因ともなっただろう。スターリン主義体制下で、オールド・ボリシェヴィキとは異質の、新しいタイプの党=国家官僚が育ってゆき、彼らが最高指導部を占めるにいたるとき、体制そのものが崩壊を迎える。

他面では、グラーグ・システムが確立し、強制労働収容所総管理本部（グラーグ）管轄のラーゲリおよびコロニーの収容者や特別移住者が工業化や辺境開発に動員された。ラーゲリ囚人や特別移住者達は、白海・バルト海、モスクワ・ヴォルカの両運河の開削、通行不能の地域での道路の開設、北極圏での工場建設などに従事させられ、非人間的な労働・生活を強いられた。これらのラーゲリ囚人や特別移住者は、常時二―三百万人もの規模に登ったと算出されている。かかる苛烈な国家的強制によって目覚ましい工業の発達が支えられた。

「世界戦争の時代」としての特徴的一面を持つ二〇世紀は、世界戦争が惹起した大々的な組織的暴力、凄まじい大量殺戮の時代でもあった。そのなかにあっても、敵国との総力戦や内戦以外での巨大な国家的暴力、大量殺戮という異様さにおいて、一九三〇年代のソ連での大テロルやグラーク・システムは、同時代のナチス第三帝国でのユダヤ人に対する大迫害、ホロコーストと並んで比類がない。

第三のロシア革命は、一国社会主義建設として敢行された。一九二四年にスターリンが創唱し、トロツキーなどとの激しい党内論争での勝利によって党の教義となった一国社会主義（建設可能）論は、ソヴェト・ロシアを自力で西欧諸国に拮抗しうる強国たらしめようとするナショナリズムの要素を備えていたが、一国のみでの社会主義建設という本質的な不可能事を強行してソ連が社会主義とは逆方位に滑落していった過程で、深刻化する諸矛盾を糊塗し転化すべく、公然とロシアの民族的な伝統が喚起され、大ロシア主義をまじえたナショナリズムが鼓吹されて国民的信条となっていった。ソヴェト・ロシア自体、国家が国民に対して上位に立つ歴史的伝統を継いでいたが、一九二九―三三年の大転換が、下からの社会運動によらずに上から国家権力により断行されたのも、ロシアの民族的な伝来の方式への復帰であった。

スターリン主義体制は、反システム運動としての社会主義が新たなロシア・ナショナリズムに融解したシステムでもあり、ツアーリ帝国の再来という性格をもった。コミンテルンもまた、スターリンテルンと化し、ソ連防衛を第一義的任務とする運動体へと変質してしまった。

前述のように、一九三六年にスターリンは社会主義建設の基本的完了を宣言した。しかしながら、それはオフィシャル・レトリックにほかならず、ソ連の社会・国家体制は、マルクス、エンゲルスが描いた社会主義社会とは似ても似つかない、奇怪な体制であった。資本主義社会における資本家と労働者の階級的な支配＝服従とは異なるけれども、深刻さにおいてはそれに決して劣らない、新たな抑圧＝隷従の関係がそこには造出されており、資本主義を超出する社会主義的原理を備える体制ではまったくなかった。スターリンの宣言に反撃して、トロツキーは、ソ連を「堕落した労働者国家」と規定し、補足的な政治革命による社会主義への道か、それとも資本主義への回帰かとその行方を予測したが、当時においては卓抜であった彼の認識以上に、その歪みはひどいものであった。

スターリン主義体制は、世界史的な資本主義の爛熟と国家化の時代における国家による社会の組織化の一形態として位置づけられ、ロシア的後進性を特質とする、社会主義への過渡期初期段階の社会の国家主義的変（質形）態と規定される。

ソ連は何であったかについて、近年のわが国では国家社会主義規定が流行し、他方では国家資本主義規定も見られるようになった。国家社会主義か国家資本主義かの対立について言うと、社会主義を公称するとはいえ、その国家主義の実態が社会主義よりも資本主義にはるかに近いことからすれば、それに、「国民社会主義」を名乗るナチズムのドイツ第三帝国と全体主義体制としての共通性を有することを考慮するなら、国家社会主義説よりは国家資本主義説のほうがふさわしいだろう。

ところで、ロシア革命により成立したソヴェト体制と「上からの革命」により大きな変動をとげたソ連体制について、あるいはまたレーニン主義とスターリン主義について、連続性と非連続性はどのように捉えられるべきだろうか。ソヴェト・ロシアの社会主義社会への輝かしい発展、「レーニン＝スターリン」という類のかつて罷り通った公式的見解は、すでに破産をとげてしまっている。昨今では、渓内の研究に代表されるように、「人間の解放を目的とした革命がなぜ、またいかにして反対の抑圧体制へ変化したのか」[16]という問題設定、従ってまた、レーニン主義は基本的に優れたものであったのに、正当な後継を自任したスターリン主義によって邪道に導かれたという見地が有力である。そして、こちらの方がソ連史の真実にずっと近いだろう。

しかし、「解放から抑圧へ」[17]というのは、一面的な把握であり単純にすぎる二分法だと言わなければならない。その説論では初発の解放とそれを嚮導したレーニン主義が讃えられるのだが、先に概観したように、ロシア革命自体が根本的な対立的矛盾や歪みを内包し、解放のなかにも抑圧を付随していたからである。また、レーニン主義の革命綱領にも、基本線での錯誤や欠陥が具有されていたからである。この抑圧を随伴した解放の体制は、その後のネップと一党専制を組み合わせた過渡的な流動状況の時期を経て、更に対立的矛盾や歪みを激成し拡大深化させたスターリンの「上からの革命」を境にして、新たなる抑圧の体制へと転じたのである。

レーニン主義とスターリン主義の関係についても、両面的であり、問題領域によって相違があった。世界革命論に対する一国社会主義論は、断絶している。党内民主主義に関しても、かなり大きな差異があったであろう。他面、プロレタリアート独裁＝民主主義や生産手段の全般的な国家所有化、そして国家主導主義的な過渡期建設などについては、基本的な同一性が貫かれていた。ソヴェト・マルクス主義のスターリン主義への収斂にあたっては、レーニン主義との非連続性と同時に連続性がスターリン主義に存していたのだった[18]。

四　破綻の諸要因について

ソ連は社会主義社会を志向して過渡期社会・国家建設に踏みだしたものの、その途次で過渡期の諸問題を解決しえずに逸脱を深めて変質し、やがて停滞し行き詰まり、遂に崩壊して資本主義体制に逆戻りした。その破綻が何故生じたのかの考察にあたっては、一国的孤立やロシア的後進性、したたかな発展を続けた資本主義世界システムの爛熟、等の厳しい客観的諸条件と、革命と建設を嚮導した前衛党ボリシェヴィキの綱領的指針と実践的運動という主体的諸要素の両面からアプローチすることが必要である。歴史の教訓を汲み取って二一世紀の新しい社会主義像の構想に生かすという観点から、ここでは後者の面に関して破綻の主要因二つを挙げることにする。

二〇世紀のマルクス主義的革命綱領のキーワードを、プロレタリアート独裁と生産手段の国家的所有化に求めることができよう。だが、それらは同時に破綻のキーワードでもあった。

プロレタリアート独裁は、マルクス主義の基礎理論中の基礎に据えられ、それを承認するか否かがマルクス主義者であることの試金石とされてきた。また、ブルジョア階級に対しての独裁は、プロレタリア階級にとっては民主主義にほかならないというふうに、プロレタリアート独裁とプロレタリア民主主義は、一体物の両面であるとされてきた。では、今世紀の幕開けの時期、帝国主義に対するマルクス主義的社会主義の闘争を象徴するウィルソン対レーニンの対抗において、レーニンが掲げる革命的な独裁=民主主義は、ウィルソンが唱える革新的な自由主義的民主主義を超えていたのだろうか。

外交に関して、無併合・無賠償・民族自決権を基本的な柱とするソヴェト政府の「平和に関する布告」は、それに対抗し民族自決権の強調を含んだウィルソン大統領の一四ヶ条に充分に匹敵しそれをしのいでいた。けれども、いったいに、プロレタリアート独裁によってたがをはめられたプロレタリア民主主義、ソヴェト民主主義は、自画自賛とは反対に、一枚岩主義的で異質物を排除する不寛容な狭隘性や硬直性を免れず、異質物を取り込み体制への反乱をも体制の内部修正への転機とする多元性や柔軟性をまがりなりにも備える自由主義的民主主義に及ばなかった。

レーニンとウィルソンの対抗は、革命対反革命ではなく、後進国革命対先進国革新であった。この構図のなかで、当時西ヨーロッパへのプロレタリア革命への波及の焦点であった、一九一八年から二三年にかけてのドイツにおける革命の成り行きも定まっていったのではないかと思われる。ワイマール共和国に転じたドイツをしんがりに自由民主主義が議会制民主主義として制度的に定着してゆく西ヨーロッパ諸国では、ロシアの政治的経験は価値基準となりえなかった。ドイツなど西ヨーロッパ諸国の非ボリシェヴィキ社会主義者達がウィルソンの方に惹きつけられたのは、社会帝国主義の根強い傾向の存在も事実であるが、プロレタリアート独裁よりは自由主義的民主主義を選好した点でそれなりに正当なところがあったと見るべきだろう。プロレタリアート独裁の普遍的原則化は、ボリシェヴィズムと社会民主主義の分裂、敵対という二〇世紀社会主義の否定的事態をもたらす機因ともなった。

近代史の上で一九世紀中葉までは、民主主義もまた反システム運動であった。二〇世紀には、政治的民主主義は資本主義世界システムの中枢諸国では、自由主義の民主化によりその体制に包摂されるにいたった。自由主義民主主義が資本主義システムの構成部分をかたちづくるということは、その自由主義的民主主義をのりこえた民主主義を具備することなしには反システム運動としての社会主義はシステム化されえないことを意味する。

独裁と民主主義の問題ではマルクス、エンゲルスの所論にも難点が多かったのだが、レーニンとボリシェヴィキがプロレタリアート独裁を第一義的に重要な、しかも過渡期の全時期に通貫する原則として普遍化したことは、主観的な意図とは逆に客観的な現実としては、民主主義の乏しい、ないし民主主義なき社会主義を追求する結果を招かざるをえなかった。資本主義世界システムの中枢部で自由主義的民主主義が普及し制度的に定着する時代にあって、ボリシェヴィキがプロレタリアート独裁を党の綱領に掲げていたのは、政治的にとりわけ後進的なロシアの特異性を表わしていたが、世界共産党としてのコミンテルンがプロレタリアート独裁を世界革命運動の旗印としたのは、歴史的アナクロニズムであり、まさしく破綻の紋章にほかならなかった。

プロレタリアート独裁の堅守において、ソヴェト・マルクス主義にとどまらず、濃淡の差があるけれども、R・ルクセンブルクからL・アルチュセールにいたるまで、二〇世紀マルクス主義は過誤の歴史を綴っている。

主要な生産手段の国家的所有化は、プロレタリアート独裁がコミンテルン以外の社会主義者によって排されたのとは違って、フェビアンを含む社会民主主義者によっても共有されてきた。ソ連では、度をこして生産手段の国家的所有化が行われ、国家計画、国家経営と連結して国家主導主義的経済システムが築かれ、国家独占「社会主義」経済にまでたちいたった。これに対して、大恐慌に襲われた一九三〇年代のスウェーデンでは、政権の座にある社会民主労働党が国家的所有化にかえて「福祉」と「国民の家」を打ちだし、中央政府よりも自治体に軸をおき、協同組合も一定の比重を占める社会の建設に踏みだしたことは、そこにも国家化の傾向は流れているのだが、注目に値する。

晩年のレーニンは、「普通の歴史の順序を変更」して、プロレタリア革命の後で資本主義時代に果たされなかった高度な工業化を、国家権力を活用して達成するという道を説いた。後進国ロシアでの国家主導主義的な過渡期社会の建設は、国家化を政治的特質とする二〇世紀の時代の趨勢にそれとなく適合していた。しかし、「上からの革命」により更に国家主義化して、国家が所有、経営管理、計画などのすべての要衝をも独占的に掌中に収めた経済システムは、明らかに過剰国家化であった。スターリンのもとで築き上げられた、プロレタリアート独裁と生産手段の全面的な国家所有化を結合してマンモス化した官僚専制国家が社会を統括し取りしきる体制は、臨界点を超えて過剰に国家化した本質的な無理、脆弱さを内包していた。そして、世紀末葉に国家化の時代が終息を迎えるなか、自己修正力を内具しない体制はあっけなく崩壊した。

他方、一九三〇年代から、国家独占資本主義へと推転したアメリカ、西ヨーロッパ諸国でのケインズ主義国家は、経済過程に積極的に介入するのであるが、同時に過度の介入は忌避するものであった。但し、この体制も世紀末葉には頭打ちの状態に陥り、新たな転換を迫られているわけである。

主要な生産手段の国家的所有化は、後期エンゲルス『反デューリング論』での再定置以来、マルクス主義においても公定の路線であった。二〇世紀社会主義の実践的経験は、生産手段の国家的所有化を基本路線としない社会主義への道を切り拓かなければならないことを示唆している。社会主義社会への過渡期において社会への国家の吸収を進めていくうえで、またそこにおいて必要な地域自治体を基体とする分権的な国家にとって、主要な生産手段の国家的所有化は不適合であり有害なのである。当然にも、非ないし反国家的な主体、手段・方法こそが基本にならなければならない。国家化をモメントとした資本主義世界システムの爛熟を経た今日顕出している特徴的動向、一方での市民社会化、他方での脱国民国家化にも着目しながら、社会主義への新たな接近の道を定立することが求められている。

過渡期の所有制としては、国家的所有化はたかだか副次的形態にとどめおかれるべきであろう。マルクスが後期にいたって達した未来社会構想では、協同組合的所有が基本形態であった。後進国でやむをえず主要な生産手段を国家的所有化せざるをえない場合でも、その変則性を確認したうえで、あくまでも過渡期経済建設が本軌道にのるまでの一時期の方策として位置づけるべきだろう。

プロレタリアート独裁と主要な生産手段の国家的所有化とは、社会主義への過渡期社会・国家としては、社会へ国家が吸収されるとは反対に国家が社会を統括する逆構造の体制をつくりだす。マルクス主義者は、他の流派の社会主義者達の言行不一致を彼らの思想・運動の破綻の証として批判してきたが、ソ連「社会主義」の建設ほど、理想からの背離を示した歴史的大事件はない。

希望と挫折、挑戦と破綻の折りなす二〇世紀社会主義の歴史であったが、それにしても、マルクス主義的社会主義が払った犠牲はあまりにも大きかった。ところが、二〇世紀中頃の一時代、過酷な国家的強制によって労働者、農民大衆の塗炭の苦しみや累累たる屍の上に築かれたソ連スターリン主義体制を、峻烈な迫害に抗して告発の叫びをあげた例外的な異端者を別として、世界中のマルクス主義者が「マルクス＝レーニン主義」イデオロギーを信奉し輝かしい社会主義の国として称えた。この歴史的事実の重みに、二〇世紀のマルクス主義的社会主義は耐えられない。

レーニンをはじめとするソヴェト・マルクス主義者達が新たなる歴史の地平を開拓せんとして重ねた必死の苦闘を軽軽に否認してはならないとしても、彼らが陥った誤りを再び繰り返すのは、なんとしても避けなければならない。
一九八九—九一年に起こった事件は、一つの歴史、一九一七年のロシア革命に始まった二〇世紀マルクス主義的社会主義の歴史の終焉を劃した。しかし、それは二〇世紀社会主義を抜本的に一新した社会主義の再出発をも可能にしたのである。歴史の審判は、厳しくとも公正であるにちがいない。

[註]

(1) 和田春樹「ロシア革命に関する考察」、歴史学研究会『歴史学研究』五一三号(一九八三年)、四頁。同『歴史としての社会主義』(岩波新書、一九九二年)の「4 世界戦争の時代とロシア革命」。
(2) G・アリギ、T・K・ホプキンス、I・ウォーラースティン『反システム運動』(太田仁樹訳、大村書店、一九九二年)、「2 反システム運動のジレンマ」。
(3) 平田清明『市民社会とレギュラシオン』(岩波書店、一九九三年)、一〇五—一〇六頁。
(4) レーニン「ボリシェヴィキは国家権力を維持できるか?」、第二六巻、八三頁。
(5) 和田「一〇月革命」、『講座 世界歴史 24』(岩波書店、一九七〇年)、三八八頁。
(6) 渓内謙『現代社会主義の省察』(岩波現代選書、一九七八年)、三二四頁
(7) マルクス=エンゲルス『共産主義派宣言』、四八一頁。

(8) 拙著『国家と民主主義』、第三篇「第三章　プロレタリア民主主義の理論問題」。
(9) 同右、第三篇「第五章　民主主義から見たロシア革命」。
(10) 渓内『スターリン政治体制の成立』、第一部―第四部（岩波書店、一九七〇年―八六年）。塩川伸明『スターリン体制下の労働者階級』（東京大学出版会、一九八五年）。奥田央『コルホーズの成立過程』岩波書店、一九九〇年）。下斗米伸夫『スターリンと都市モスクワ』（岩波書店、一九九四年）。富田武『スターリズムの統治構造』（岩波書店、一九九六年）。田中陽一・倉持俊一・和田春樹編『ロシア史 3』（山川出版社、一九九七年）。O・フレヴニューク『スターリンの大テロル』（原著一九九七年、富田武訳、岩波書店、一九九八年）。
(11) 中村正則「大恐慌と脱出への模索」、歴史学研究会編『講座世界史6　必死の代案』（東京大学出版会、一九九五年）、二〇七頁。
(12) スターリン『ソヴェート同盟共産党（ボリシェヴィキ）史』、三四三頁。
(13) 同右。
(14) レーニン「労働組合について、現在の情勢について、トロツキーの誤りについて」、四頁。
(15) スターリン「ソ同盟憲法草案について」、六三九頁。
(16) 渓内「ソヴィエト史における『伝統』と『近代』」、『思想』八六二号（一九九六年四月）、一一頁。
(17) 同右、一五頁。
(18) 『レーニンの最後の闘争』（原著一九六八年、河合秀和訳、岩波書店、一九六九年）を著わしたレヴィンの一九八二年の発言では、「スターリン主義の内にはレーニン主義の発展の要素はなにもありません。起こったのは、むしろレーニン主義の変質であり、次いでレーニン主義の破壊であり、同じくボリシェヴィズムの破壊だったのです」（E・P・トムスン、N・Z・デイヴィス、C・キンスブルグ他『歴史家たち』、近藤和彦・野村達朗編訳、名古屋大学出版会、一九九〇年、四一頁)。こうした理解は、わが国では依然として根強く存在するが、一面のみの強調である。他方で、和田春樹によると、「レーニンとスターリンの関係は断絶の中に連続もあるというより、連続の中の断絶、同じボリシェヴィキの中の分かれであったとみることができる」(『歴史としての社会主義』、九二頁)。この把握が当を得ていよう。

大藪龍介（おおやぶ・りゅうすけ）
福岡教育大学教授
1938年　福岡県三潴郡生まれ
1961年　九州大学法学部卒業
1970年　九州大学大学院法学研究科博士課程単位取得退学
著書：『マルクス，エンゲルスの国家論』（1978年，現代思潮社）『近代国家の起源と構造』（1983年，論創社）『現代の国家論』（1989年，世界書院）『国家と民主主義』（1992年，社会評論社）『マルクス社会主義像の転換』（1996年，御茶の水書房）ほか。
著者ホームページ：http://www5d.biglobe.ne.jp/~oyabu/

マルクス派の革命論・再読

2002年3月25日　初版第1刷発行

著　者——大藪龍介
発行人——松田健二
装　幀——桑谷速人
発行所——株式会社社会評論社
東京都文京区本郷2-3-10　電話03(3814)3861　FAX03(3818)2808
http://www.shahyo.com
印　刷——ミツワ
製　本——東和製本

ISBN 4-7845-0849-X